PIENI
OSAKESIJOITUSKIRJA

Mika Riihimaa

PIENI
OSAKESIJOITUSKIRJA

FSC
www.fsc.org
MIX
Paperi vastuul -
lisista lähteistä
Paper from
responsible sources
FSC® C105338

1. painos

© 2025 Mika Riihimaa

Kannen suunnittelu: Mika Riihimaa
Sisuksen taitto: Mika Riihimaa
Etukannen kuva: Jacqueline Macou, Pixabay
Takakannen kuva: Erwin Hörtner, Pixabay

Kustantaja: BoD · Books on Demand, Mannerheimintie 12 B, 00100 Helsinki,
bod@bod.fi
Kirjapaino: Libri Plureos GmbH, Friedensallee 273, 22763 Hampuri, Saksa

ISBN: 978-952-80-4240-2

Anna palautetta kirjasta: pos.riihimaa.com

Esipuhe

Olen erittäin iloinen voidessani esitellä teille tämän osakesijoituskirjan, joka on suunnattukaikille niille, jotka ovat kiinnostuneita osakesijoittamisesta ja haluavat oppia lisää siitä,miten menestyä osakemarkkinoilla. Osakesijoittaminen on nykyään erittäin suosittusijoitusmuoto, mutta samalla myös monelle haastava ja pelottava aihe. Tämän kirjantavoitteena on tarjota sinulle tarvittavat tiedot ja taidot menestyäksesi osakemarkkinoilla, jaauttaa sinua välttämään yleisimmät virheet ja sudenkuopat, joita osakesijoittamisessa voi kohdata.

Kirja alkaa perusteista ja johdattaa lukijan syvemmälle osakesijoittamisen maailmaan. Opitmiten valita oikeat osakkeet ja ymmärtää niiden arvostuksen. Miten analysoida yrityksiä ja niiden taloudellista tilannetta, sekä miten rakentaa tehokkaita salkkuja eri sijoitusstrategioilla. Kirja käsittelee myös sijoituspsykologiaa ja antaa neuvoja siihen, miten voit hallita tunteitasi ja tehdä rationaalisia päätöksiä sijoitusmarkkinoilla.

Minulla on yli 16 vuoden kokemus osakesijoittamisesta ja olen ehtinyt sinä aikana nähdä useita nousuja ja laskuja osakemarkkinoilla. Olen kokenut monia onnistumisia ja myös virheitä, joista kertyneitä kokemuksia ja tietämystä haluan jakaa kanssasi. Kirjan tarkoituksena on antaa sinulle eväät, joilla voit menestyä paremmin osakemarkkinoilla, ja samalla auttaa sinua kasvamaan ja kehittymään sijoittajana. Uskon, että tämä kirja antaa sinulle arvokasta tietoa, ajatuksia ja rohkaisua. Toivon myös,että löydät tämän kirjan innostavana ja mielenkiintoisena lukukokemuksena, joka auttaa sinua saavuttamaan taloudellisen menestyksen.

Toijalassa 6.1.2025
Mika Riihimaa

Kirjoittajan esittely

Olen Mika Riihimaa, syntynyt vuonna 1976. Samana vuonna kuin Steve Jobs, Steve Wozniak ja Ronald Wayne perustivat Apple Computer yhtiön. Samana vuonna Vanguard aloitti toimintansa ja tarjosi ensimmäisenä indeksirahastoja yksityissijoittajille.

Olen ollut aktiivinen osakesijoittaja vuodesta 2008 alkaen. Sijoitusosaamiseni on kertynyt vuosien varrella ahkeran opiskelun ja kokemuksen kautta. Jo ennen osakesijoittamisen aloittamista, luin lukuisia kirjoja sijoittamisesta, jotta ymmärtäisin paremmin erilaisia sijoittamisen mahdollisuuksia, strategioita ja riskienhallintaa. Myös tämän jälkeen olen kerryttänyt tietoa lukemalla lähes kaikki Suomessa julkaistut merkittävät sijoituskirjat sekä myös joitain ulkomaisia kirjoja, unohtamatta sijoitus- ja talouslehtiä ajankohtaisine aiheineen.

Lisäksi olen toiminut työurani aikana useissa johtotehtävissä teollisuudessa sekä asiantuntijaorganisaatioissa, mikä on antanut minulle laajan käsityksen liiketoiminnan eri osa-alueista ja taloudellisista tekijöistä. Tämä tietämys on ollut hyödyllistä myös sijoitustoiminnassa, sillä olen oppinut ymmärtämään yritysten strategioita, liiketoimintaa ja taloudellisen tilanteen arvioimista paremmin, mikä on auttanut minua tekemään parempia sijoituspäätöksiä.

Olen suorittanut useita eri tutkintoja, jotka ovat rikastuttaneet ymmärrystäni liiketoiminnasta sekä sijoitustoiminnan moninaisuudesta ja strategioista. Olen ylpeä diplomi-insinöörin tutkinnosta, Executive MBA -koulutuksesta sekä johtamisen ja tuotekehittämisen erikoisammattitutkinnoista. Nämä tutkinnot ovat tarjonneet erilaisia näkökulmia, antaen minulle monipuolista osaamista ja syventäneet ymmärrystäni erilaisista liiketoiminnoista sekä sijoittamisesta.

Tämä laaja-alainen tietotaito on auttanut minua rakentamaan vankan sijoitusportfolion ja saavuttamaan taloudellista menestystä. Olen oppinut, että menestyvä sijoitustoiminta edellyttää jatkuvaa oppimista ja tietämyksen päivittämistä. Siksi olen sitoutunut jatkuvaan itsensä kehittämiseen ja seuraan aktiivisesti markkinoita, uusia sijoitusmahdollisuuksia ja muutoksia sijoitusympäristössä. Olen varma, että jatkuvan oppimisen kautta pystyn jatkamaan menestyksekästä sijoitustoimintaa tulevaisuudessakin.uskon vahvasti sijoittamisen merkitykseen talouden hallinnassa ja varallisuuden kartuttamisessa.

Haluan jakaa kokemuksiani ja osaamistani sijoittamisesta ja talouden hallinnasta, auttaakseni muita sijoittajia menestymään ja saavuttamaan taloudellisen itsenäisyyden. Toivon, että voin inspiroida muita sijoittajia oppimaan uusia taitoja ja kehittymään paremmiksi sijoittajiksi.

Sisällysluettelo

1. Johdanto

Osakesijoittaminen on minulle mieluinen harrastus sekä tapa sijoittaa varoja, se on mahdollistanut minulle osallistumisen yritysten taloudelliseen menestykseen.

Tämän kirjan tarkoituksena on jakaa osaamista ja kokemuksiani sijoittamisesta sekä auttaa muita menestymään osakesijoittamisessa. Haluan tarjota tärkeää tietoa siitä, miten sijoitussalkku rakennetaan ja hallinnoidaan, sekä miten eri markkinat ja osakkeet toimivat eri aikoina. Haluan myös jakaa tietoa siitä, kuinka järkevä lainoituksen käyttö voi auttaa sijoittajaa saavuttamaan tavoitteensa.

Nykyisin olen keskittynyt sijoittamaan lähinnä pelkkiin pörssinoteerattuihin osakkeisiin mm. Pohjoismaissa, Euroopassa, Yhdysvalloissa sekä Kanadassa. Olen rahoittanut sijoitukseni pääosin työtuloista, onnistuneista asunto- ja osakekaupoista sekä osinkotuloista. Lisäksi olen käyttänyt lainarahaa sijoittamiseen. Lainoitusta olen hyödyntänyt sijoitussalkussani ja aikaisemmin myös maksimaalista lainaosuutta asuntokaupoissa, silloin kun asuntolainoissa vielä oli korkovähennysoikeus verotuksessa.

Sijoitusstrategiani keskittyy pitkäaikaiseen sijoittamiseen ja pääasiassa pörssinoteerattuihin osakkeisiin, niiden likviditeetin, lainoitusarvon sekä alhaisten sijoituskustannusten vuoksi. En ole erityisen kiinnostunut sijoittamaan rahastoihin tai muihin strukturoituihin sijoitustuotteisiin, sillä haluan itse tehdä kaikki sijoituspäätökset ja välttää sijoitustuotteiden aiheuttamia kuluja.

Erilaiset finanssialan yritysten liikkeelle laskemat rahastot ja johdannaiset ovat sijoitustuotteita, joiden ensisijainen tarkoitus on hankkia tuottoja liikkeellelaskijalle itselleen. Niiden tarkoitus ei ole siis ensisijaisesti auttaa niihin sijoittaneita maksimoimaan sijoitustuottojaan. Tietenkin joissain tilanteissa niiden käyttäminen sijoittamisessa voi silti olla järkevää. Mutta näiden sijoitustuotteiden vertaaminen ja analysointi on paljon vaikeampaa kuin osakkeiden sekä niiden kohteena olevien yritysten.

Sijoitusneuvojilla on yleensä myös muita intressejä, kuin asiakkaan eli sijoittajan tuoton maksimointi. Eturistiriidat voivat olla hyvin selvästi havaittavissa. Sen lauluja laulat, kenen leipää syöt. Sijoittajan on tärkeää tiedostaa, että sijoitusneuvoja saattaa suositella tuotteita, jotka eivät ole optimaalisia sijoittajan kannalta. On myös tullut vastaan tapauksia, joissa pankin sijoitusneuvojat saavat suositella vain ja ainoastaan pankin omia rahastoja. Sijoittajan kannattaa olla kriittinen ja tehdä omaa tutkimusta ennen päätöksentekoa sekä tarvittaessa käyttää riippumatonta sijoitusneuvontaa.

Olen huomannut, että sijoituskohteiden hajauttaminen on erittäin tärkeää, sillä se voi vähentää sijoituksen riskejä ja lisätä mahdollisuuksia saavuttaa parempia kokonaistuottoja. Tämä on erityisen tärkeää, sillä esimerkiksi teknologiasektorin yrityksien kurssit voivat kokea merkittäviä vaihteluita ja riskejä. Hajauttamalla sijoitukset ajallisesti sekä eri toimialoille ja maantieteellisesti, sijoittaja voi vähentää riskejä ja kasvattaa mahdollisuuksia saada hyviä tuottoja. Hajauttamisen tärkeyttä ei voi korostaa liikaa, sillä se on yksi harvoista lähes ilmaisista tavoista vähentää sijoittamiseen liittyviä riskejä.

Aloitin osakesijoittamisen vuonna 2008, eli samana vuonna kuin finanssikriisi aiheutti pörssiromahduksen. Vuoden 2008 alussa oltiin osakemarkkinoilla tultu lokakuun 2007 kurssihuipuista alaspäin jo noin 20 prosenttia.

Itse finanssikriisin ja siitä aiheutuneen pörssiromahduksen syynä olivat Amerikkalaisten pankkien varattomille myöntämien subprime-asuntolainojen niputtaminen yhteen muka kelvollisiksi sijoitusinstrumenteiksi ja myyminen sijoittajille. Lopulta kun tämä kupla puhkesi, useampia pankkeja meni nurin, kuten mm. iso ja luotettavana pidetty Lehman Brothers, joka ajautui 15.8.2008 selvitystilaan.

Osakkeiden kurssilasku alkoi siis jo 2007 lokakuussa. Alkanut kurssilasku kulminoitui 29. syyskuuta 2008 New Yorkin Wall Streetin pörssissä tapahtuneeseen voimakkaaseen kurssiromahdukseen. S&P 500 -osakeindeksi, joka oli saavuttanut huippunsa vuonna 2007, romahti lähes 53 prosenttia helmikuun alkuun 2009 mennessä, ennen kuin kurssien elpyminen alkoi. Myös Suomessa OMHX25 osakeindeksin osakkeet laskivat keskimäärin 53%. Muissa Euroopan pörsseissä kurssilaskut olivat myös erittäin isoja. Tämä kurssilasku oli yksi pahimmista osakemarkkinoiden historian romahduksista ja se aiheutti valtavia taloudellisia menetyksiä sijoittajille ympäri maailmaa.

Ennen osakesijoituksia varani olivat pääosin erään Islantilaisen pankin talletuksissa, niiden maksaman merkittävän ison korkotuoton vuoksi. Parhaimmillaan luvatut vuosituotot olivat yli 5 prosentin luokkaa. Olin kuitenkin jo vuoden 2008 alussa alkanut hiljalleen siirtää sijoituksiani osakkeisiin, vaikka laskeviin kursseihin mentiin. Nostin loput varat pois korkotalletuksista juuri päivää ennen, kuin pankin toiminta Suomessa keskeytettiin aamupäivällä 9.10.2008 rahoitustarkastuksen toimesta ja varojen nostaminen estyi. Lopulta kuitenkin kaikki Suomalaiset korkosijoittajat saivat talletuksensa takaisin, mutta joutuivat kylläkin epävarmuudessa odottelemaan useita viikkoja. Minun osaltani tuossa oli valistuneen arvauksen lisäksi hyvää tuuria, kun en ollut tehnyt määräaikaisia talletuksia ja ajoitin varojen nostamisen oikein.

Jatkoin osakepainon lisäämistä edelleen koko ajan ja otin käyttöön myös lainoituksen. Vuoden 2009 helmikuun alkuun mennessä oli osakkeissa kiinni kaikki mitä sain irrotettua sekä myös lainarahaa. Salkku oli miinuksella erittäin paljon Jacqueline Macou. Jatkoin ostamista omalla- ja lainarahalla myös nouseviin kursseihin. Selvisin tästä romahduksesta kuivin jaloin ja tein myös lopulta merkittävät voitot. Mutta olisi voinut käydä toisinkin, ellen olisi pitäytynyt suunnitelmassa ja jatkanut päättäväisesti osakepainon lisäämistä. Tuo oli minulle todellinen psykologinen testi heti alkuun. Useampana yönä tuli kyllä kieltämättä nukuttua huonosti ja mietittyä että toistaako historia itseään vai tuleeko maailmanloppu, kuten osakekurssit antoivat olettaa. Onneksi historia toisti itseään ja pohjalta lähdettiin totuttuun tapaan ylös.

Monesti sanotaan ettei laskeviin kursseihin ole järkevää ostaa, mutta kukaan ei voi etukäteen sanoa milloin kurssilasku loppuu ja alkaa pidempijaksoinen nousutrendi. Tästä pörssiromahduksesta kuitenkin täytyi ottaa opiksi se, että ajallinen hajautus sekä kaikki muukin hajautus on tärkeää. On myös syytä pitää pää kylmänä silloin kun markkinoilla on paniikki. Parhaat sijoitukset tehdäänkin useimmiten juuri silloin, kun pelko markkinoilla on isointa ja kaduilla virtaa veri. Markkinahysteriaan ei saa mennä mukaan. On syytä myös seurata jatkuvasti markkinoita sekä yrittää tunnistaa yleinen markkinatrendi sekä sen käännös. Kun jälkikäteen tilannetta analysoi olisi ajallista hajauttamista pitänyt hyödyntää vielä enemmän, tällöin olisi ollut paremmin sijoitusvarallisuutta käytettävissä lähempänä pohjia, pohjilla ja nousun alkaessa.

Nyt viimeisimmän merkittävän pörssiheilahduksen eli vuoden 2020 koronapandemiasta aiheutuneen pörssikriisin osalta minulla oli kokemusta ja näkemystä jo paljon enemmän. Tässä koronarytinässä OMHX25 laski keskimäärin 25 prosenttia. Mutta silti kun jälkeenpäin tilannetta analysoi, olisi uusien osakesijoitusten tekeminen pitänyt lopettaa jo aiemmin, sekä olisi myös pitänyt osakepainon vähentämistä kurssilaskun aikana tehdä rajummin ja nopeammin. Näillä keinoilla pohjilla sekä nousun alkaessa minulla olisi ollut enemmän pääomaa käytettävissä osakesijoituksiin, eli silloin kun kaikki oli halpaa ja veri virtasi kaduilla.

Silloin kun on lama ja koko markkina niiaa on syytä muistaa että markkinajohtajat, erinomaisesti suoriutuvat laadukkaat ja vakavaraiset yhtiöt, selviävät kriisitilanteista yleensä varmimmin sekä toipuvat nopeimmin. Taantuma-aikana kun kysyntä on vähäisempää hyödyntävät parhaimmat yritykset ajan tuotekehityksen kiihdyttämiseen sekä yrityksen toimintaprosessien tehokkuuden lisäämiseen, pelkkien kululeikkausten sijaan.

Sitten kun nousu alkaa, on hyvä olla resurssit ja prosessit kunnossa että kykenee vastaamaan markkinoiden tarpeisiin sekä laajentamaan markkinaosuutta. Pelkällä säästämisellä ja kululeikkauksilla ei saavuteta lisää liikevaihtoa tai toiminnan tehokkuutta. Kululeikkauksilla saatava säästö on hetkellinen ja sen pitkäaikainen vaikutus voi monesti olla negatiivinen. Resurssileikkaukset lomautusten ja henkilöstövähennyksien kautta, saattaa olla tulevaisuuden kasvun este tai hidaste. Lama-aikana alan parhaimmat osaajat ovat siirtyneet yrityksiin, joiden halu ja tahtotila on jatkuvasti kehittää osaamista, toimintaa ja tuotteita sekä pitää kiinni huippuosaajista kaikissa tilanteissa.

Seuraavaa pomppua taas odotellaan ja toivo elää, että olisin jälleen hieman enemmän kokeneempi sijoittaja ja pystyisin hyödyntämään seuraavan romahduksen paremmin.

Sijoittaminen voi olla joko kannattava, edullinen tai hyvin kallis harrastus riippuen siitä, kuinka hyvin on perehtynyt sijoittamisen perusperiaatteisiin ja kuinka hyvin noudattaa laadittua sijoitussuunnitelmaa. Hyvin laadittu sijoitussuunnitelma auttaa välttämään harkitsemattomia päätöksiä ja turhia riskejä, tämä voi säästää ja tuottaa merkittävästi rahaa pitkällä aikavälillä. Toisaalta, jos ei ole perehtynyt sijoittamisen perusperiaatteisiin, voi helposti tehdä hätiköityjä päätöksiä, sijoittaminen voi tällöin olla todella kallis harrastus. Siksi on tärkeää käyttää aikaa ja vaivaa että oppii sijoittamisen perusteet ja pystyy luomaan sijoitussuunnitelman, joka sopii omaan sijoittajaprofiiliin parhaiten.

On tärkeää ymmärtää, että hajauttaminen auttaa vähentämään sijoittamiseen liittyviä riskejä, mutta sijoitussalkun rakentamisessa on otettava huomioon myös useita muita tekijöitä. Eri toimialoille ja maantieteellisesti eri alueille hajauttaminen voi auttaa välttämään yksittäisten yritysten riskejä ja kasvattaa mahdollisuuksia saada hyviä tuottoja. Tärkeää on ymmärtää myös ajallisen hajauttamisen merkitys ja aloittaa sijoittaminen mahdollisimman varhaisessa vaiheessa, vaikka sijoitusvarallisuus ei olisikaan vielä kovin suuri. Korkoa korolle ilmiön ja ajan vaikutus on erittäin merkittävä asia sijoittamisessa.

Kirjani tarjoaa arvokasta tietoa ja käytännön vinkkejä, joiden avulla voit luoda itsellesi sopivan sijoitussuunnitelman ja kehittää sijoitustaitojasi. Kirjan keskeinen tarkoitus on auttaa lukijaa ymmärtämään osakesijoittamisen perusperiaatteet ja antaa eväitä menestyksekkääseen sijoittamiseen sekä saavuttamaan halutut tavoitteet. Kirja tarjoaa myös käytännön vinkkejä sijoitussalkun rakentamiseen, jotta lukija voi luoda juuri itselleen sopivan sijoitussuunnitelman ja -strategian. Toivon vilpittömästi, että kirjani tarjoaa merkittävää lisäarvoa sijoituspäätöksissä ja auttaa lukijaa kehittämään parempia sijoitustaitoja, joiden avulla voi menestyksekkäästi saavuttaa sijoitusstrategiassa asetetut tavoitteet.

1.1 Osakesijoittamisen perusteet

Osakesijoittaminen on tullut internetin, ja sitä kautta välitettävien lähes reaaliaikaisten uutisten, kurssitietojen sekä sijoituspalveluiden, kautta yhä suositummaksi. Nykyään osakesijoittaminen ja kaikki osakemarkkinat ovat lähes kaikkien helposti saavutettavissa, riippumatta siitä missä päin maailmaa olet. Pystyt aloittamaan sijoittamisen sähköisten palveluiden avulla, poistumatta kotoa. Tarvitset vain jonkun päätelaitteen ja internet yhteyden. Monesti jopa nykyaikainen puhelin tai tabletti voi olla riittävä päätelaite, jolla sijoittaja pystyy hallinnoimaan sijoitusportfoliota ja käymään osakekauppaa. Suomessa ja maailmalla toimii useita varteenotettavia sijoittamiseen keskittyneitä, kustannustehokkaita ja joustavia sekä luotettavia toimijoita normaalien kivijalkapankkien lisäksi. Normaaleilla kivijalkapankeilla on yleisesti korkeat kiinteät kustannukset ja sijoituspalveluiden tuottaminen ei ole perusliiketoimintaa, jolloin siihen liittyvät palvelut ja alustat eivät monesti ole parhaita mahdollisia sijoittajan näkökulmasta.

Vaikka tietoa osakesijoittamisesta on hyvin saatavilla, niin silti asia voi tuntua monimutkaiselta ja olla haastava aloittaa, varsinkin ellei ole aiempaa kokemusta sijoittamisesta. Kirjassa pyrin antamaan perustiedot osakesijoittamisesta ja auttamaan aloittelevia sijoittajia ymmärtämään, mitä osakesijoittaminen tarkoittaa ja mitä kannattaa ottaa huomioon ennen sijoituspäätösten tekemistä. Uskon kuitenkin että kirja voi antaa myös kokeneelle sijoittajalle uusia näkökulmia ja ajatuksia menestyksekkääseen osakesijoittamiseen.

Osakesijoittamisessa sijoittaja ostaa osakkeita eli omistusosuuksia yrityksistä. Osakkeiden arvo vaihtelee markkinoilla kysynnän ja tarjonnan mukaan. Sijoittaja voi saada tuottoa osinkojen muodossa ja myymällä osakkeet myöhemmin korkeampaan hintaan kuin millä ne on ostettu. Kaikki yhtiöt eivät maksa osinkoja, koska tarvitsevat tuloksen mahdollistaakseen yrityksen kasvun ja kehittymisen. Yleensä nämä ovat nuoria yhtiöitä joiden liiketoiminta ei ole vielä vakiintunutta ja kasvutavoitteet ovat suuria. Osinkoja maksavat yhtiöt ovat yleensä sellaisia, joiden liiketoiminta on vakiintunutta ja kasvutavoitteet ovat maltillisia.

Ennen kuin aloitat osakesijoittamisen, on tärkeää ymmärtää sijoittamisen perusperiaatteet ja harkita omia sijoitustavoitteita sekä riskinsietokykyä. Yksi tärkeimmistä perusasioista on ymmärtää sijoitusten hajauttamisen tärkeys. Sijoitukset kannattaa jakaa useaan eri yritykseen ja toimialaan, jotta sijoittajan riski menettää sijoituspääomaa on pienempi. Sijoittajan tulee ymmärtää, että osakesijoittaminen sisältää aina riskejä, joten sijoituksia tehtäessä tulee aina ottaa huomioon omat henkilökohtaiset rajoitukset ja mahdollisuudet. Mutta on syytä muistaa että riskin mukana tulee aina myös mahdollisuus ja ilman riskiä ei ole myöskään ole mahdollisuutta.

Menestyksekkään osakesijoittamisen aloittaminen edellyttää myös kohtuullista tietämystä liiketoiminnasta, yritysten talousluvuista ja kykyä ymmärtää markkinoiden käyttäytymistä eri tilanteissa. Sijoittamisessa iso merkitys on myös sillä että sisäistää sijoittamiseen liittyvän psykologian, eli sen ettei sijoittaja tai joukko sijoittajia välttämättä toimi rationaalisesti. Sijoittajan kannattaa seurata yritysten julkaisemia tietoja ja uutisia sekä olla ajan tasalla yleisestä markkinatilanteesta ja sen kehittymisestä eli seurata myös makrotaloutta, että pystyy tekemään parempia sijoituspäätöksiä.

Osakesijoittaminen on kuin pitkän matkan juoksu, joka vaatii kärsivällisyyttä, pitkäjänteisyyttä ja kestävyyttä. Juoksussa matkan varrella on paljon ylä- ja alamäkiä, samoin kuin osakekurssien päivittäiset heilahdukset. Juoksijan on kuitenkin tärkeää pitää katseensa päämäärässä ja uskoa omaan strategiaansa, vaikka välillä tuntuisi raskaalta ja epävarmalta. Sama pätee myös sijoittamiseen, jossa menestyminen edellyttää sinnikkyyttä ja sitkeyttä, jotta voi saavuttaa tavoitteensa pitkällä aikavälillä. Menestyvä sijoittaja osaa tulkita markkinoiden liikkeitä ja tehdä harkittuja päätöksiä sijoitusten suhteen, kestäen samalla mahdolliset kurssivaihtelut kärsivällisesti ja luottaen omaan strategiaansa. Sijoittajan tulee siis olla valmis pitämään sijoituksiaan pitkään ja olemaan kärsivällinen mahdollisten kurssiheilahdusten yli.

1.2 Osakesijoittamisen hyödyt ja riskit

Osakesijoittamisen hyödyt ja riskit ovat moninaisia, ja on hyvä ymmärtää ne ennen kuin aloitat sijoittamisen. Yksi suuri etu osakesijoittamisessa on, että se voi auttaa sinua saavuttamaan taloudellisia tavoitteita, kuten kasvattamaan varallisuutta tai saavuttamaan taloudellista riippumattomuutta. Osakesijoittaminen voi myös auttaa suojaamaan pääomia inflaatiolta ja tarjota mahdollisuuden saada parempia tuottoja kuin perinteiset säästämismuodot, kuten pankkitilit, säästötilit tai rahastot.

Yksi suuri riski osakesijoittamisessa on kuitenkin sijoitusten hetkellisen arvon epävakaisuus. Osakemarkkinat voivat olla arvaamattomia ja alttiita heilahteluille, mikä tarkoittaa, että sijoituksesi arvo voi vaihdella huomattavasti lyhyessä ajassa. Tämä voi johtaa taloudellisiin tappioihin, mikäli teet osto tai myynti päätöksiä väärään aikaan tai väärin perustein. Väärän hetken myyntipäätöksiä voit välttää mahdollisella osakkeita vastaan hankitulla luottolimiitillä, jolloin voit tarvittaessa nostaa rahaa pois sijoituksista ilman että myyt sijoituksia. Tällöin myös henkilökohtaisen elämän rahan tarpeet eivät vaikuta sijoituspäätöksiin. Lainoituksen käyttämisestä sijoittamisessa kerrotaan lisää kirjassa myöhemmin.

Parhaat ostohetket osakemarkkinoilla ovat yleensä tarjolla silloin kuin kurssit ovat tulleet reilusti alas ja pelko markkinoilla on suurta. Toisaalta, kun optimismi osakkeiden tuottoihin on korkealla ja uutisointi markkinoista on myönteistä kaikkialla, ollaan usein lähellä markkinoiden huippua ja olisi hyvä hetki myydä osakkeita. On kuitenkin erittäin vaikeaa ennustaa markkinoiden kehitystä ja ajoittaa ostoja ja myyntejä oikein. Usein paras tapa saavuttaa hyvät tuotot on noudattaa säännöllistä sijoitusstrategiaa ja jatkaa sijoitusten tasaista lisäämistä markkinatilanteesta riippumatta.

Riskejä voi kuitenkin minimoida monin tavoin. Ensinnäkin, on tärkeää tehdä perusteellista tutkimusta sijoituskohteista ja ymmärtää, mitkä tekijät voivat vaikuttaa sijoituksen arvoon. Toiseksi, hajauttaminen on avain riskien minimointiin. Hajauttaminen tarkoittaa sijoitusten jakamista useisiin eri omaisuusluokkiin ja sijoituskohteisiin sekä ajallisesti, että sijoitustesi riski on pienempi. Kolmanneksi, riippumattoman sijoitusneuvojan käyttäminen voi myös auttaa tekemään hyviä sijoituspäätöksiä, hajauttamaan sijoituksia ja vähentämään riskejä.

On syytä olla realistinen sijoitusten tuotto-odotusten suhteen ja välttää liiallista riskinottoa. Älä koskaan sijoita rahaa, jonka et ole valmis menettämään, ja pidä aina mielessä pitkän aikavälin sijoitussuunnitelmasi. Tämä auttaa sinua tekemään parempia sijoituspäätöksiä ja saavuttamaan taloudelliset tavoitteesi. On myös hyvä ymmärtää että hyvin menestyvä yritys ei välttämättä ole hyvä sijoitus, jos sen osakkeen arvostustaso ei ole oikea. Kuitenkin on syytä ymmärtää että vain menestyksellinen ja lisäarvoa tuottava yritys voi olla pitkällä aikavälillä tuottava sijoitus. Osakespekulaatio ja lyhyen välin sijoittaminen voi olla menestyksekästä myös sijoituskohteena olevan yhtiön menetyksestä huolimatta.

2. Osakkeet ja markkinat

Osakkeet ovat siis sijoitusvaihtoehto, joka on nykyään kasvattanut suosiotaan sijoittajien keskuudessa. Osakkeiden avulla sijoittajat voivat saada omistusoikeuden yritykseen ja mahdollisuuden saada tuottoa sijoittamalleen pääomalle. On kuitenkin tärkeää ymmärtää, että osakkeisiin liittyy riskejä ja että niiden arvo voi vaihdella suuresti yrityksen menestyksen mukaan.

Yleisin ja helpoin tapa ostaa osakkeita on osakepörssin kautta internetissä olevaa osakevälityspalvelua käyttämällä. Osakepörssi on kaupankäyntipaikka, jossa sijoittajat voivat ostaa ja myydä osakkeita. Julkisesti noteerattu osake tarkoittaa sitä, että kyseinen osake on listattu osakepörssissä ja sen kaupankäynti on avoinna yleisölle. Julkisesti noteerattujen yhtiöiden osakkeiden hinta määräytyy markkinoiden tarjonnan ja kysynnän perusteella. Tämä tarkoittaa, että osakkeen hinta voi vaihdella merkittävästi päivittäin ja jopa päivän sisäisesti. Osakesijoittajien on oltava valmiita hyväksymään osakkeen arvonvaihtelut.

Toisaalta taas ei julkisesti noteerattu osake tarkoittaa sitä, että kyseinen osake ei ole listattu osakepörssissä eikä sen kaupankäynti ole avoinna yleisölle. Sen sijaan, osakkeen omistajat ovat rajoitettu joukko, johon voivat kuulua yhtiön perustajat, työntekijät ja tiettyjä sijoittajia. Ei julkisesti noteerattujen yhtiöiden osakkeiden hinta määräytyy yksityisten kauppojen perusteella, eikä niitä voi ostaa tai myydä avoimesti osakepörssissä. Ei julkisesti noteerattuja osakkeita kutsutaan myös yksityisiksi osakkeiksi tai yksityisen osakeyhtiön osakkeiksi.

Osakkeisiin sijoittamiseen liittyy aina riskejä, kuten markkinoiden epävakaisuus ja yksittäisten yritysten menestymisen epävarmuus. Sijoittajien on tärkeää olla tietoisia näistä riskeistä ja tehdä huolellista tutkimusta ennen kuin he ostavat osakkeita. Lisäksi sijoittajien on tärkeää hajauttaa salkkunsa eri omaisuusluokkiin ja seurata sijoituksiaan aktiivisesti. Osakkeisiin liittyvien riskien hallitseminen on avain menestyksekkääseen osakesijoittamiseen.

2.2 Osakeindeksit

Osakeindeksit ovat tärkeä osa osakesijoittamisen maailmaa. Osakeindeksit kuvastavat osakkeiden kokonaiskehitystä tietyn markkinan, toimialan tai maan osalta. Indeksin arvo lasketaan yleensä kokoamalla tietty määrä suurimpia ja likvideimpiä osakkeita. Tämä tehdään usein painottaen yritysten markkina - arvoja, jolloin suurempien yritysten osakkeet vaikuttavat enemmän indeksin arvoon kuin pienempien yritysten osakkeet.

Osakeindeksit ovat hyödyllisiä sijoittajille, koska ne tarjoavat helposti seurattavan mittarin markkinan yleisestä kehityksestä. Sijoittajat voivat käyttää indeksejä ymmärtääkseen, miten markkinat tai tietyt toimialat ovat kehittyneet ajan myötä. Indeksien avulla voidaan myös vertailla eri sijoitusrahastojen tai yksittäisten osakkeiden tuottoja.

Suosituimmat osakeindeksit ovat yleensä suurten pörssien indeksit, kuten Dow Jones Industrial Average, S&P 500 ja NASDAQ Composite Yhdysvalloissa, FTSE 100 Iso-Britanniassa ja DAX 30 Saksassa. Näiden indeksien lisäksi on olemassa myös useita muita osakeindeksejä, jotka seuraavat eri toimialoja tai alueita.

Pohjoismaissa suosituimpia osakeindeksejä ovat OMXH25 Helsingissä, OMXS30 Tukholmassa, OBX Oslossa ja KFX Kööpenhaminassa. Näitä indeksejä käytetään usein mittarina pohjoismaisten yritysten kehitykselle ja markkinatilanteen arvioimiseen. Näiden indeksien kehitystä seuraavat niin sijoittajat kuin talouden ammattilaisetkin, ja niiden perusteella tehdään päätöksiä sijoituksista ja markkinanäkymistä. Pohjoismaiset osakeindeksit ovatkin tärkeä osa alueen taloudellista infrastruktuuria ja sijoitusmahdollisuuksia.

Osakeindeksien lisäksi sijoittajat voivat käyttää erilaisia osakkeiden tunnuslukuja tehdäkseen sijoituspäätöksiä. Tunnusluvut ovat lukuja, jotka auttavat sijoittajia arvioimaan yksittäisen yrityksen taloudellista tilannetta ja kannattavuutta. Näitä ovat muun muassa P/E -luku (price-to-earnings ratio), joka kertoo yrityksen osakkeen hinnan suhteessa sen osakekohtaiseen tulokseen, sekä ROE (Return on Equity), joka mittaa yrityksen kannattavuutta eli montako prosenttia tuottoa yritys tuotti suhteessa omaan pääomaan.

Osakkeiden tunnusluvut ja osakeindeksit ovat hyödyllisiä työkaluja sijoittajille, jotka haluavat tehdä perusteltuja sijoituspäätöksiä. Ne auttavat ymmärtämään markkinoiden ja yksittäisten yritysten kehitystä ja voivat auttaa sijoittajaa tekemään parempia päätöksiä, jotta he voivat optimoida sijoitustensa tuottoa.

2.3 Kauppapaikat ja kaupankäyntiaikataulut

Kaupankäyntipaikkoja eli osakepörssejä on maailmassa satoja mutta suurimmat ja tunnetuimmat ovat varmasti normaalille sijoittajalle merkityksellisimpiä. Näiden pörssien kautta on mahdollista käydä kauppaa olennaisimpien yhtiöiden osakkeilla maailmanlaajuisesti, koska samoja osakkeita on listattu useille eri kauppapaikoille.

Eri osakevälittäjät tarjoavat mahdollisuuden käydä kauppa ainoastaan tietyillä kauppapaikoilla ja eri kauppapaikkojen kaupankäyntikulut ovat normaalisti poikkeavia toisistaan. Mikäli haluaa kustannustehokkaasti käydä kauppaa laajasti eri pörsseissä voi silloin olla tarpeen käyttää useampaa kuin yhtä osakevälittäjää. Syytä on kuitenkin tiedostaa kokonaiskustannukset sekä kaupankäynnin ja mm. verotuksellisten asioiden hoitamiseen liittyvät menettelyt ja kulut.

Osakekauppaa voi käydä pörssin aukioloaikoina, joka vaihtelee pörssistä riippuen. On tärkeää tuntea pörssin aukioloajat ja huomioida ne kaupankäynnissä, jotta kauppa voidaan toteuttaa halutulla hetkellä.

Kun Aasian pörssit lopettavat kaupankäynnin avautuu kaupankäynti eurooppalaisilla kauppapaikoilla. Euroopan pörssit alkavat sulkeutua on Amerikan pörssit vasta aloittelemassa kaupankäyntiä. Pörssien indeksien suuntaa ennakoivat osakefutuurit. Niiden avulla voidaan ennakoida, jo ennen kauppapaikan kaupankäynnin aloittamista, mihin suuntaan pörssi -indeksit ovat avautumassa.

Helsingin pörssi (HEX) on Suomen ainoa julkisen osakekaupankäynnin paikka, jossa listataan kotimaisia yhtiöitä. Helsingin pörssissä kaupankäynti tapahtuu elektronisesti, ja se on avoinna arkipäivisin klo 10:00 - 18:30 Suomen aikaa. Helsingin pörssin suurimpia listattuja yhtiöitä ovat esimerkiksi Neste, Kone ja Nokia.

Yhdysvalloissa on useita suuria pörssejä, joista tunnetuimpia ovat New Yorkin pörssi (NYSE) ja Nasdaq-pörssi (NASDAQ). Näiden pörsseissä listattujen yhtiöiden joukossa on monia kansainvälisesti tunnettuja yrityksiä, kuten Apple, Amazon ja Google. Yhdysvaltain pörssit ovat avoinna arkipäivisin, ja niissä tapahtuva kaupankäynti vaikuttaa usein myös muiden maiden pörssien kehitykseen. Avoinna arkipäivisin klo 16.30-23.00 Suomen aikaa.

Norjassa on yksi pörssi, Oslo Børs (OSEBX), joka listaa paikallisia ja kansainvälisiä yhtiöitä. Oslo Børs on erityisen merkittävä öljy- ja kaasualan yhtiöiden listauksissa, mutta siellä on myös monia muita teollisuudenaloja edustavia yhtiöitä. Kaupankäynti Oslo Børsissä tapahtuu arkipäivisin. Avoinna arkipäivisin klo 10:00 - 17:25 Suomen aikaa.

Ruotsissa on kaksi pörssiä, Tukholman pörssi (Nasdaq Stockholm) (OMXS) ja NGM-börsen (NGM). Tukholman pörssi on merkittävä pörssi Euroopassa, ja siellä listataan kansainvälisiä ja paikallisia yhtiöitä useilta eri toimialoilta. Kaupankäynti Tukholman pörssissä tapahtuu arkipäivisin. Avoinna arkipäivisin klo 10:00 - 18:30 Suomen aikaa.

Tanskassa on yksi pörssi, Kööpenhaminan pörssi (Nasdaq Copenhagen) (CSE), joka listaa paikallisia ja kansainvälisiä yhtiöitä. Kööpenhaminan pörssi on erityisen merkittävä alueellisesti, ja siellä listataan useita pohjoismaisia yhtiöitä eri toimialoilta. Kaupankäynti Kööpenhaminan pörssissä tapahtuu arkipäivisin. Avoinna arkipäivisin klo 10:00 - 18:00 Suomen aikaa.

Kanadan pörssi tunnetaan viralliselta nimeltään Toronto Stock Exchange (TSX). Kanadan pörssi on erityisesti tunnettu luonnonvarayhtiöiden, kuten kaivos- ja öljy -yhtiöiden, osakkeiden noteerauspaikkana. Pörssissä on myös vahva teknologia- ja terveydenhuoltoalan edustus. Pörssin kaupankäyntiaika on pääosastolla klo 15:30 - 22:00 Suomen aikaa.

Saksan pörssi tunnetaan viralliselta nimeltään Deutsche Börse ja sen tärkein kaupankäyntialusta on (Xetra). Kaupankäyntiaika Xetra -pörssissä on klo 10:00 - 18:30 Suomen aikaa. Saksan pörssi on erityisesti tunnettu vahvasta autoteollisuudestaan ja siellä noteerataankin monia autoteollisuuden suuria nimiä. Pörssissä on myös vahva rahoitus- ja teknologia-alojen edustus.

Pariisin pörssi (Euronext Paris) (XPAR) on Ranskan suurin pörssi ja yksi Euroopan suurimmista pörsseistä. Pariisin pörssissä noteerataan yli 1000 kotimaista ja kansainvälistä yhtiötä. Pariisin pörssi on avoinna arkipäivisin klo 10:00 - 18:30 Suomen aikaa. Pariisin pörssin suurimpia listattuja yhtiöitä ovat esimerkiksi Total, Sanofi ja L'Oreal.

Englannin pörssi, joka tunnetaan viralliselta nimeltään London Stock Exchange (LSE), on ˙yksi maailman vanhimmista ja tunnetuimmista pörsseistä. LSE:n juuret ulottuvat aina 1500 - luvulle asti, jolloin kauppiaat alkoivat kokoontua säännöllisesti eri puolilla Lontoota kaupankäynnin merkeissä.

Tänä päivänä LSE on yksi maailman suurimmista pörsseistä. Pörssissä noteerataan yli 3000 yhtiötä ympäri maailmaa, jotka edustavat eri toimialoja, kuten finanssi-, teknologia-, energian- ja kulutushyödykealaa.

LSE on yksi Euroopan tärkeimmistä pörsseistä ja sillä on merkittävä rooli kansainvälisessä kaupankäynnissä. Pörssi on erityisesti tunnettu finanssi- ja vakuutusalan edustuksestaan, mutta siellä on myös monia muita merkittäviä yhtiöitä eri toimialoilta. Kaupankäyntiaika LSE -pörssissä on klo 10:00 - 18:30 Suomen aikaa.

Japanin pörssi tunnetaan viralliselta nimeltään Tokyo Stock Exchange (TSE) ja se on yksi Aasian suurimmista pörsseistä. TSE:ssä noteerataan monia tunnettuja japanilaisia yrityksiä, kuten Toyota ja Sony. Pörssin kaupankäyntiaika on klo 2:00 - 8:00 Suomen aikaa.

Hongkongin pörssi tunnetaan viralliselta nimeltään Hong Kong Stock Exchange (HKEX) ja se on yksi Aasian merkittävimmistä pörsseistä. HKEX:ssä noteerataan monia kansainvälisiä yrityksiä ja se on erityisen tunnettu kiinalaisten yritysten noteerauspaikkana. Pörssin kaupankäyntiaika on klo 3:30 - 10:00 Suomen aikaa.

Sanghain pörssi tunnetaan viralliselta nimeltään Shanghai Stock Exchange (SSE) ja se on yksi Kiinan suurimmista pörsseistä. SSE:ssä noteerataan pääasiassa kiinalaisia yrityksiä, mutta myös kansainväliset yritykset ovat alkaneet listautua sinne. Pörssin kaupankäyntiaika on klo 3:30 - 9:00 Suomen aikaa.

2.4 Osakkeiden arvostus

Pörssissä osakkeiden hinta muodostuu kysynnän ja tarjonnan perusteella. Kun ostajia on enemmän kuin myyjiä, osakkeen hinta nousee, ja päinvastoin, kun myyjiä on enemmän kuin ostajia, hinta laskee. Vaikka osakkeiden hinta perustuu kysynnän ja tarjonnan lakiin, sen ennustaminen ei ole yksinkertaista. Markkinat ovat dynaamiset ja hintojen muutokset voivat olla nopeita ja yllättäviä. Siksi sijoittajien on syytä seurata markkinoiden kehitystä aktiivisesti ja käyttää erilaisia menetelmiä ja analyysityökaluja päätöksentekonsa tueksi.

Osakkeiden arvostus on yksi tärkeimmistä tekijöistä, jotka vaikuttavat osakkeiden valintaan ja osto- ja myyntipäätöksiin. Osakkeiden arvostus voi perustua yhtiön tuloskehitykseen, tulevaisuuden näkymiin, taloudellisiin tunnuslukuihin, markkinatilanteeseen ja moniin muihin tekijöihin. Osakkeiden arvostus nousee yleisesti ottaen, kun yhtiön tulos ja tulevaisuuden näkymät ovat positiivisia. Negatiiviset uutiset ja heikentynyt tuloskehitys puolestaan vaikuttavat osakkeiden arvostuksen laskuun. Onkin tärkeää huomata, että osakkeiden arvostus voi vaihdella nopeasti ja voimakkaasti. Pysyäkseen sijoitussuunnitelmassaan sijoittajan on oltava valmis kestämään markkinoiden vaihtelut ilman hätiköityjä myyntejä tai ostoja. Turha kaupankäynti aiheuttaa ylimääräisiä kaupankäyntikustannuksia ja syö sijoitussalkun tuottoa.

Sijoitusstrategioilla ja sijoittajaprofiileilla voi olla erilaisia näkemyksiä siitä, mikä on sopiva osakkeiden arvostustaso osto- tai myyntipäätöksiä tehtäessä. On kuitenkin aina hyvä muistaa, että vaikka hetkellisiä väärinarvostuksia osakkeiden hinnoissa voi olla, niin pitkällä aikavälillä markkinat hinnoittelevat osakkeet aina oikein.

Arvosijoittaminen perustuu juurikin aliarvostettujen osakkeiden tunnistamiseen ja niihin sijoittamiseen. Markkinat hinnoittelevat yleensä osakkeiden hintaan tulevaisuuden mahdollisuuksia ja riskejä. Yleisesti voidaan olettaa, että kaikki hetkellä tiedossa olevat seikat ovat jo sisällytettynä osakkeen hintaan. Kuitenkin markkinoilla voi olla tilapäisiä tilanteita, jolloin osakkeet ovat virheellisesti arvostettuja. Näiden tilanteiden tunnistaminen voi tarjota sijoittajalle mahdollisuuden parempaan tuottoon.

Moni sijoittaja lankeaa perisyntiin sitoa näkemyksensä osakkeiden ostohetkeen, eikä pysty ajattelemaan analyyttisesti sijoituksen järkevyyttä kullakin hetkellä aina puhtaalta pöydältä. Tämä voi johtaa huonoihin päätöksiin ja turhiin tappioihin. Virhesijoitusten tappiot olisi syytä realisoida nopeasti, mikäli osakkeen arvostus luisuu ennalta määritellyn verran. On myös tärkeää muistaa, että huonoilla uutisilla on tapana kasaantua, joten jos yrityksen arvostus alenee yleisen markkinatrendin vaikutukset pois huomioiden, kehitys jatkuu myös yleensä pidemmällä aikajänteellä ja suunnanvaihto ei tapahdu nopeasti. Toisaalta, on yhtä helppoa myydä hyvin kehittyneet omistukset liian aikaisin, vaikka kehityssuunta jatkuisi vielä pitkään ja osakkeen arvostus nousisi lisää.

2.5 Markkinatrendit

Markkinatrendit ja -analyysit ovat merkityksellisiä sijoittajalle, joka haluaa menestyä osakemarkkinoilla kaikissa tilanteissa. Markkinatrendit voivat kertoa paljon siitä, mihin suuntaan markkina on menossa ja mitkä toimialat tai yritykset ovat nousussa tai laskussa. Analyysin avulla voidaan tutkia yrityksen taloudellisia tunnuslukuja ja arvioida sen tulevia tuloksia.

Makrotalous on yksi merkittävä tekijä, joka vaikuttaa osakemarkkinoiden suuntaan ja jota voidaan analysoida teknisen analyysin avulla. Makrotalouden indikaattorit, kuten talouskasvu, työttömyysaste ja inflaatio, voivat vaikuttaa osakemarkkinoiden suuntaan. Esimerkiksi talouskasvun hidastuminen voi vaikuttaa negatiivisesti osakemarkkinoihin, kun taas kasvun elpyminen voi nostaa niitä.

Karhu- ja härkämarkkinat ovat termejä, jotka kuvaavat osakemarkkinoiden suuntaa. Härkämarkkinoilla (engl. bull market) osakkeiden hinnat nousevat, ja markkinat ovat yleisesti ottaen positiiviset. Karhumarkkinoilla (engl. bear market) puolestaan osakkeiden hinnat laskevat, ja markkinat ovat yleisesti ottaen negatiiviset.

Jos on mahdollista tunnistaa selkeä karhu- tai härkämarkkinan olemassaolo, voi sijoituksia olla järkevää vähentää tai lisätä sen mukaan. Esimerkiksi karhumarkkinassa voi olla järkevää myydä osakkeita, kun taas härkämarkkinassa voi olla järkevää ostaa niitä. On kuitenkin huomattava, että markkinoiden ajoittaminen on usein vaikeaa, ja sijoittajan on tärkeää pitää mielessä, että parhaat nousut voivat jäädä väliin, ellei ole mukana markkinassa sijoituksin.

On tärkeää huomata, että markkinatrendit voivat muuttua nopeasti, ja siksi sijoittajan on seurattava markkinaa ja päivitettävä sijoitussalkkunsa sisältöä säännöllisesti tarpeen vaatiessa. On kuitenkin aina hyvä muistaa että turha kaupankäynti lisää kuluja ja täten vähentää tuottoja. Lisäksi on tärkeää ymmärtää, että vaikka markkinatrendit voivat antaa viitteitä tulevista suuntauksista, ne eivät ole koskaan varmoja.

Markkinatrendien ja -analyysin lisäksi tulee myöson tärkeää muistaa, että sijoittajan tulee aina tehdä oma tutkimus ja arvioida jokainen sijoitus erikseen. Vaikka jokin toimiala tai yritys näyttäisi olevan nousussa, se ei välttämättä tarkoita, että kaikki sen toimialan osakkeet ovat hyviä sijoituskohteita. Sijoittajan on tutkittava yrityksen taloudelliset tunnusluvut, johto, kilpailuetu ja muut tekijät ennen sijoituspäätöksen tekemistä.

Osakeanalyytikot ovat erikoistuneet tutkimaan yrityksiä ja niiden toimintaa markkinoilla. He pyrkivät ymmärtämään yrityksen liiketoimintaa, taloudellista tilaa, kasvumahdollisuuksia ja riskejä. Tämän lisäksi analyytikot seuraavat yleistä markkinatilannetta ja yrittävät ennustaa markkinoiden tulevia suuntauksia.

Analyytikoiden raportit ja suositukset voivat olla arvokkaita sijoittajille, jotka tekevät päätöksiä osakkeiden ostamisesta tai myymisestä. Raporteissa käsitellään yleensä yrityksen tärkeitä tunnuslukuja, kuten tulosennusteita, taseen tunnuslukuja ja osinkoennusteita sekä tulevaisuuden näkymiä. Analyytikoiden suositukset voivat perustua esimerkiksi yrityksen arvostukseen suhteessa kilpailijoihin tai odotuksiin tulevaisuuden kasvusta.

Kaiken kaikkiaan osakkeiden analysointi ja tunnuslukujen seuraaminen voivat auttaa sijoittajia tekemään tietoon perustuvia päätöksiä ja välttämään turhia riskejä. Osakeanalyytikoiden raportit ja suositukset voivat toimia hyvänä lähtökohtana sijoituspäätöksien tekemisessä, mutta lopullisen päätöksen tekee aina sijoittaja itse.

2.6 Yrityksen taloudellinen analyysi

Yrityksen taloudellinen analyysi on merkittävä osa sijoittajan päätöksentekoprosessia. Tällä analyysillä pyritään ymmärtämään yrityksen taloudellista tilannetta, sen kykyä tuottaa voittoa ja kasvaa tulevaisuudessa. Taloudellinen analyysi perustuu yrityksen tilinpäätöksen lukuihin, jotka sisältävät tuloslaskelman, taseen ja rahavirtalaskelman.

Tärkeimmät tunnusluvut, joita käytetään yrityksen taloudellisen analyysin tekemisessä, ovat kannattavuus, maksuvalmius ja vakavaraisuus. Kannattavuusmittareita ovat esimerkiksi liikevoittoprosentti ja oman pääoman tuotto. Maksuvalmiusmittareita ovat esimerkiksi current ratio ja quick ratio, jotka kertovat yrityksen kyvystä selvitä lyhytaikaisista velvoitteistaan. Vakavaraisuusmittareita ovat esimerkiksi omavaraisuusaste ja velkaantumisaste.

Analyytikot käyttävät näitä tunnuslukuja yrityksen taloudellisen tilanteen arvioimiseen ja ennustamiseen. He vertaavat yrityksen tunnuslukuja alan keskiarvoihin ja muihin yrityksiin samalla toimialalla, jotta voivat saada paremman käsityksen yrityksen asemasta markkinoilla. Analyytikot käyttävät myös muita menetelmiä, kuten SWOT -analyysiä ja PEST -analyysiä, jotta voivat saada laajemman käsityksen yrityksen toimintaympäristöstä ja sen mahdollisista riskeistä ja mahdollisuuksista. Taloudellinen analyysi on olennainen osa sijoittajan työkalupakkia, sillä se auttaa ymmärtämään yrityksen taloudellista tilannetta ja sen tulevaisuuden näkymiä.

SWOT -analyysi on työkalu, jota käytetään yleisesti strategian suunnittelussa ja päätöksenteossa. SWOT on akronyymi englanninkielisille sanoille Strengths (vahvuudet), Weaknesses (heikkoudet), Opportunities (mahdollisuudet) ja Threats (uhat). SWOT -analyysin tarkoitus on tunnistaa organisaation tai yksilön sisäiset vahvuudet ja heikkoudet sekä ulkoiset mahdollisuudet ja uhat. Analyysi auttaa arvioimaan, kuinka hyvin yritys voi vastata ulkoisiin haasteisiin. SWOT -analyysin avulla voidaan löytää strategisia toimintasuunnitelmia, jotka perustuvat yrityksen vahvuuksiin ja mahdollisuuksiin. Analyysi auttaa myös tunnistamaan riskit, jotka voivat estää tavoitteiden saavuttamisen.

PEST -analyysi on työkalu, jota käytetään yleisesti yrityksen toimintaympäristön analysoinnissa ja strategian suunnittelussa. PEST on akronyymi englanninkielisille sanoille Political (poliittiset tekijät), Economic (taloudelliset tekijät), Social (sosiaaliset tekijät) ja Technological (teknologiset tekijät). PEST -analyysin tarkoitus on tunnistaa yrityksen ympäristötekijät ja niiden vaikutukset toimintaan. Analyysi auttaa tunnistamaan poliittiset, taloudelliset, sosiaaliset ja teknologiset muutokset ja trendit, jotka voivat vaikuttaa organisaation toimintaan. Analyysin avulla voidaan arvioida, kuinka hyvin yritys voi vastata ympäristön muutoksiin ja trendeihin. Analyysi auttaa myös tunnistamaan mahdollisuudet ja uhat, jotka voivat vaikuttaa yrityksen menestymiseen.

3. Sijoitusstrategiat

Sijoitusstrategiat ovat suunnitelmia, joita sijoittajat käyttävät ja noudattavat saavuttaakseen asettamansa taloudelliset tavoitteet. On olemassa monia erilaisia sijoitusstrategioita, ja jokainen niistä sopii erilaisiin sijoittajatyyppeihin, tavoitteisiin ja riskinsietokykyihin.

Yksi yleisimmistä sijoitusstrategioista on pitkäaikainen sijoittaminen eli osta ja pidä -strategia. Tämä tarkoittaa, että sijoittaja pyrkii ostamaan sijoituskohteita, joita on kannattavaa pitää pitkän aikaa. Tämän strategian avulla sijoittaja voi hyötyä korkoa korolle -ilmiöstä, joka kasvattaa sijoituksen arvoa ajan myötä.

Toinen suosittu sijoitusstrategia on arvostrategia. Tämä strategia perustuu siihen, että sijoittaja etsii alihinnoiteltuja sijoituskohteita, joiden todellinen arvo on suurempi kuin niiden nykyinen hinta. Sijoittaja odottaa, että markkinat korjaavat hinnoittelun virheen ajan myötä, jolloin sijoitus tuottaa voittoa.

Trendisijoittaminen on myös suosittu sijoitusstrategia. Tämä strategia perustuu siihen, että sijoittaja etsii markkinoilta suosittuja trendejä, kuten uusia teknologioita tai muuttuvia kulutustottumuksia, ja sijoittaa sijoituskohteisiin, jotka hyötyvät näistä trendeistä.

Hajauttaminen on hyvin yleinen sijoitusstrategia, joka auttaa vähentämään riskiä. Hajauttamisstrategiaa voi yhdistää helposti myös muihin strategioihin. Tämä tarkoittaa, että sijoittaja jakaa sijoituksensa eri sijoituskohteisiin, kuten osakkeisiin, joukkovelkakirjoihin ja kiinteistöihin, jotta yksittäisen sijoituksen arvon muutokset eivät vaikuta koko sijoitusportfolioon.

Osinkosijoittaminen on hyvin suosittu sijoitusstrategia. Tämä strategia keskittyy sijoittamaan yrityksiin, jotka maksavat säännöllisesti osinkoa. Osingot voivat olla passiivista tuloa sijoittajalle, ja ne voivat myös auttaa vähentämään riskiä, koska yritykset, jotka maksavat osinkoa, ovat yleensä vakiintuneita ja tuottavia.

Momentum -sijoittaminen on sijoitusstrategia, jossa sijoittaja sijoittaa sijoituskohteisiin, jotka ovat äskettäin suorittaneet hyvin ja joilla on potentiaalia jatkaa suoritustaan tulevaisuudessa. Tämä strategia perustuu ajatukseen, että markkinoilla on taipumus jatkua suuntaansa, joten sijoittaja pyrkii hyötymään tästä ilmiöstä.

Arbitraasi -sijoittaminen on strategia, joka pyrkii hyötymään hintaeroista eri markkinoiden välillä. Tämä strategia vaatii yleensä kehittyneempää osaamista ja teknisiä taitoja, mutta se voi tarjota mahdollisuuksia sijoittajalle, joka tuntee markkinat hyvin.

Vastuullinen sijoittaminen on kasvava sijoitusstrategia, jossa sijoittaja pyrkii sijoittamaan yrityksiin, jotka toimivat vastuullisesti ympäristön, yhteiskunnan ja hallinnon suhteen. Tämä strategia voi auttaa sijoittajaa tukemaan yrityksiä, jotka edistävät positiivisia muutoksia maailmassa.

Kasvusijoittaminen on strategia, jossa sijoitetaan yrityksiin, joilla odotetaan olevan suuri potentiaali kasvaa tulevaisuudessa. Kasvusijoittajat etsivät usein yrityksiä, joilla on innovatiivisia tuotteita, palveluita tai teknologioita, jotka mahdollistavat nopean kasvun.

Onko treidaaminen sijoitusstrategia? Treidaaminen on yleensä pidettävä erillisenä osta ja pidä -strategiasta, arvostrategiasta, trendisijoittamisesta tai hajauttamisesta, sillä se perustuu nopeisiin kauppoihin ja lyhyen aikavälin voittojen tavoitteluun. Treidaamisessa pyritään ennustamaan osakkeiden tai muiden sijoituskohteiden hintaliikkeitä lyhyellä aikavälillä ja hyötymään näistä liikkeistä. Tämä eroaa pitkän aikavälin sijoitusstrategioista, joissa pyritään hyödyntämään pitkän aikavälin kehitystä. Vaikka treidaaminen onkin sijoitustoimintaa, se ei ole sama asia kuin sijoitusstrategia, vaan pikemminkin lyhytaikainen kaupankäyntistrategia.

Lopuksi, sijoitusstrategioiden hyödyntäminen riippuu sijoittajan omasta tavoitteesta, riskinsietokyvystä ja aikataulusta. On tärkeää tutkia erilaisia sijoitusstrategioita ja valita sellainen tai sellaiset, jotka sopivat parhaiten omaan tilanteeseen.

3.1 Pitkäaikainen sijoittaminen

Pitkäaikainen sijoittaminen on yksi tärkeimmistä taloudellisista päätöksistä, jonka voit tehdä. Se tarjoaa mahdollisuuden kasvattaa sijoitustesi arvoa ajan myötä ja saavuttaa pitkän aikavälin taloudelliset tavoitteet. Jos noudatat strategiaa kärsivällisesti ja kurinalaisesti, voit huomata, että pitkäaikainen sijoittaminen on yksi parhaista tavoista saavuttaa taloudellista menestystä ja turvaa. Se voi auttaa sinua jopa saavuttamaan taloudellisen itsenäisyyden ja vaurauden.

Pitkäaikainen sijoittaminen on käytännössä strategia, jossa sijoitat rahaa erilaisiin sijoituskohteisiin ja annat sen kasvaa vuosien tai jopa vuosikymmenien ajan. Tämän ansiosta voit hyötyä korkeammasta tuotosta ja mahdollisesta kasvusta, jota sijoitusmarkkinat voivat tarjota.

Tämän sijoitusstrategian avulla voit myös hyötyä korkoa korolle -ilmiöstä. Tämä tarkoittaa, että kun sijoitat rahaa, se kasvaa ajan myötä korkojen ja tuottojen ansiosta. Jos pidät sijoituksesi tarpeeksi pitkään, voit huomata, että korkoa korolle -ilmiö alkaa kiihtyä ja kasvattaa sijoituksesi tuottoa entisestään. Korkoa korolle ilmiö on yksi parhaista ystävistämme sijoitustoiminnassa, joten sen hyödyntäminen kannattaa ehdottomasti ottaa osaksi omaa sijoitussuunnitelmaa.

Korkoa korolle ilmiön voi ymmärtää helposti lumipalloefektin kautta. Lumipallo aloittaa liikkeensä pienenä ja kerää yhä enemmän lunta vieriessään eteenpäin, kasvaen samalla nopeasti. Sama pätee korkoa korolle ilmiöön sijoituksissa.

Ajatellaan, että sijoitamme 100 euroa kuukausittain 10 vuoden ajan 8 % vuotuisella korolla. Ensimmäisenä vuonna saamme 8 euroa korkoa, mutta kun sijoitamme sen uudestaan seuraavana vuonna, meillä on 208 euroa, joka kasvaa 8 % korolla. Tämä jatkuu vuosittain, ja lopulta korkotulot alkavat kasvaa eksponentiaalisesti. Kymmenen vuoden kuluttua meillä on noin 1665 euroa, josta saatavat vuotuiset korkotulot ovat noin 133 euroa. Korkotuloja kymmenen vuoden aikana on siis kertynyt yhteensä 665 euroa. Samaa kaavaa jatkaen 20 vuoden kuluttua kasassa on jo yli 5000 euroa vuosituotto on yli 400 euroa. Kolmenkymmenen vuoden kuluttua potin koko on kasvanut yli 12 000 euroon ja vuosituotto on jo melkein 1000 euroa. Neljänkymmenen vuoden kuluttua on säästössä noin 28 000 euroa ja vuosituotto on noin 2250 euroa.

Lumipalloefekti on selkeä esimerkki siitä, miten pieni alku voi johtaa huomattavaan kasvuun ajan myötä, kun korkoa korolle ilmiö otetaan huomioon sijoituksissa. Siksi sijoittamisen aloittaminen mahdollisimman varhaisessa vaiheessa, vaikkapa pienillä summilla, on erittäin tärkeää, jotta korkoa korolle ilmiö pääsee vaikuttamaan täydellä potentiaalillaan. "Korkoa korolle on maailman kahdeksas ihme. Joka sitä ymmärtää, tienaa sen; joka ei ymmärrä, maksaa sitä." – Albert Einstein

Kuten kaikessa sijoittamisessa, pitkäaikaisen sijoitusstrategian noudattamisessa on riskejä. Tämän vuoksi on tärkeää valita monipuolinen sijoitusportfolio, joka koostuu eri sijoituskohteista ja hajauttaa riskit. Markkinoiden muutokset, yhtiöiden taloudellinen suorituskyky ja taloudelliset turbulenssit voivat vaikuttaa sijoitusten arvoon. Tästä syystä on tärkeää seurata sijoituskohteiden tilannetta ja tehdä tarvittavat muutokset sijoitusportfolioon, jos tilanne sitä vaatii.

Lopuksi, pitkäaikainen sijoittaminen edellyttää kärsivällisyyttä ja kurinalaisuutta. Tavoitteen saavuttaminen voi kestää vuosia tai vuosikymmeniä. Tämän vuoksi on tärkeää valita monipuolinen sijoitusportfolio, joka koostuu erilaisista sijoituskohteista, jotta riskit hajautetaan ja sijoitusten arvonmuutokset voivat tasoittua.

3.2 Arvosijoittaminen

Arvosijoittaminen on sijoitusstrategia, joka perustuu arvostusmittareiden, kuten hinnan ja kirjanpitoarvon suhteen, käyttöön sijoituskohteen valinnassa. Tämä strategia perustuu ajatukseen, että markkinat voivat joskus aliarvioida tietyt yhtiöt ja yliarvostaa toiset, ja että arvo-osakkeisiin sijoittamalla voi saavuttaa tuottoa pitkällä aikavälillä.

Arvosijoittajat etsivät yhtiöitä, joiden arvo on aliarvostettu suhteessa niiden todelliseen potentiaaliin, kuten vakaa kassavirta, hyvä johto, vahva brändi ja kasvumahdollisuudet. He ostavat näitä osakkeita ja pitävät niitä salkussaan pitkällä aikavälillä, odottaen että markkinat tunnistavat niiden potentiaalin ja nostavat niiden hintaa.

Arvosijoittaminen eroaa kasvusijoittamisesta, joka keskittyy yhtiöihin, joiden odotetaan kasvavan nopeasti tulevaisuudessa. Kasvusijoittaminen voi olla riskialttiimpaa, sillä kasvuyhtiöiden arvostusmittarit ovat usein korkeat ja sijoittajan on luotettava yhtiön tulevaan menestykseen.

Arvosijoittaminen voi tarjota sijoittajille useita etuja. Yksi etu on se, että arvo-osakkeiden hinnat ovat yleensä vakaita, joten ne tarjoavat turvallisuutta sijoitukselle. Lisäksi arvosijoittajat voivat hyötyä verosuunnittelusta, sillä pitkäaikaisen omistuksen myötä he voivat hyötyä alhaisemmasta verotuksesta hankintameno-olettaman kautta.

Kuitenkin, arvosijoittaminen ei ole riskitöntä. Alhainen hinta voi johtua myös yhtiön heikosta tulevaisuuden näkymästä, joka voi vaikuttaa sijoittajan tuottoon negatiivisesti. Tämän vuoksi on tärkeää tehdä perusteellista tutkimusta yhtiön taustasta ja taloudellisesta tilanteesta ennen sijoituspäätöksen tekemistä.

Yhteenvetona voidaan todeta, että arvosijoittaminen on sijoitusstrategia, joka perustuu aliarvostettujen yhtiöiden ostamiseen ja niiden pitämiseen pitkällä aikavälillä. Tämä strategia voi tarjota sijoittajille vakautta ja potentiaalista tuottoa, mutta sijoittajan on aina tärkeää tutkia huolellisesti yhtiön taustat ja taloudellinen tilanne.

3.3 Trendisijoittaminen

Trendisijoittaminen on suosittu sijoitusstrategia, joka perustuu markkinoiden trendien hyödyntämiseen. Trendisijoittaja yrittää löytää markkinoilta kasvavia trendejä ja sijoittaa niihin. Tämä strategia perustuu ajatukseen siitä, että sijoittaja voi hyötyä nopeasti kasvavista markkinoista ja minimoida tappioita, kun markkinat kääntyvät alaspäin. Trendisijoittajan on kuitenkin tärkeää olla tarkkaavainen ja nopea reagoimaan markkinoiden muutoksiin, sillä trendit voivat muuttua nopeasti.

Tekninen analyysi on trendisijoittajan tärkein työkalu, jonka avulla hän voi tunnistaa markkinoiden trendejä. Tekninen analyysi perustuu markkinoiden hintoihin ja volyymeihin, jotka antavat vihjeitä siitä, miten markkinat todennäköisesti kehittyvät tulevaisuudessa. Trendisijoittaja käyttää usein erilaisia indikaattoreita ja graafisia esityksiä, kuten liukuvia keskiarvoja ja MACD -indikaattoria, auttaakseen tunnistamaan trendejä. Kappaleessa VIII. Uudet sijoitustrendit ja mahdollisuudet on käsitelty yleisesti tunnistettuja megatrendejä.

Trendisijoittaminen voi olla erittäin kannattavaa, jos sijoittaja pystyy tunnistamaan oikeat trendit ja toimimaan nopeasti. Kuitenkin, jos trendisijoittaja tekee virheen ja sijoittaa trendiin, joka kääntyy nopeasti alaspäin, hänen tappionsa voivat olla suuria. Siksi trendisijoittajan on tärkeää olla tietoinen riskistä ja olla valmis tekemään nopeita päätöksiä.

3.4 Hajauttamisstrategia

Hajauttamisstrategian hyödyntämisen merkitys sijoituksissa on suuri, sillä se auttaa hallitsemaan sijoituksen riskiä. Hajauttamisen tarkoituksena on jakaa sijoitukset useisiin eri sijoituskohteisiin, jotta yhden kohteen suoriutuminen ei vaikuta liikaa koko sijoitusportfolioon. Hajauttamalla sijoitukset maantieteellisesti eri alueille, toimialoille ja eri sijoitusinstrumentteihin, kuten osakkeisiin, joukkovelkakirjoihin, kiinteistöihin ja raaka-aineisiin, sijoittaja voi hyötyä eri markkinoilla tapahtuvista muutoksista ja vähentää sijoituksen markkinariskiä.

Sijoituskohteiden hajauttamisessa on tärkeää ottaa huomioon myös ajallinen hajautus, eli sijoitukset tulee jakaa eri ajankohtiin. Ajallinen hajautus auttaa sijoittajaa hyödyntämään eri markkinasyklejä ja välttämään liian suuria sijoituksia markkinoiden huippukohdissa. Sijoittajan kannattaa hajauttaa sijoituksiaan ajan kuluessa eri ajankohtiin, jolloin hän hyötyy mahdollisista markkinoiden laskuista ja voi ostaa sijoituskohteita alhaisemmilla hinnoilla.

Toimialakohtainen hajauttaminen tarkoittaa sijoitusten jakamista eri toimialoille, kuten teknologia, terveydenhuolto, energia, finanssi ja kulutustavarat. Tämä auttaa sijoittajaa välttämään kaikkien munien laittamista yhteen koriin eli liiallista altistumista yhdelle toimialalle.

Toimialakohtainen hajautus voi tarjota useita etuja sijoittajalle. Ensinnäkin, se auttaa vähentämään toimialan riskejä, kuten muuttuvaa sääntelyä, kilpailua ja teknologisia muutoksia. Jos esimerkiksi teknologiatoimiala alkaa kokea laskusuhdannetta, sijoittajan sijoitukset terveydenhuolto- tai energiatoimialoilla voivat auttaa tasaamaan tappioita.

Toiseksi, toimialakohtainen hajauttaminen voi tarjota mahdollisuuden hyötyä eri toimialojen kasvusta eri aikoina. Esimerkiksi finanssiala saattaa kukoistaa noususuhdanteen aikana, kun taas terveydenhuollon toimiala voi kukoistaa taantuman aikana, kun ihmiset kiinnittävät enemmän huomiota terveyteen ja hyvinvointiin.

Kolmanneksi, toimialakohtainen hajautus voi auttaa sijoittajaa välttämään toimialariippuvuutta. Jos sijoittaja sijoittaa vain yhteen toimialaan, esimerkiksi teknologiaan, hän on alttiina toimialan riskeille ja muutoksille. Toimialakohtaisella hajauttamisella sijoittaja voi välttää liiallista altistumista yhdelle toimialalle ja sen riskeille.

On tärkeää kuitenkin huomata, että toimialakohtaisella hajauttamisella ei välttämättä vähennetä kaikkia riskejä. Jos esimerkiksi koko talous kärsii laskusuhdanteesta, kaikki toimialat saattavat kärsiä.

Sijoitusten hajauttamisessa eri valuuttoihin on monia etuja. Ensinnäkin, valuuttariskiä voidaan hallita paremmin, sillä sijoitusten arvo voi vaihdella suuresti valuuttakurssien muutosten mukaan. Jos sijoitukset ovat keskittyneet vain yhteen valuuttaan, kuten euroon tai dollariin, valuuttakurssien muutokset voivat vaikuttaa sijoitusten arvoon merkittävästi.

Hajauttamalla sijoitukset eri valuuttoihin, sijoittaja voi hyötyä valuuttakurssien vaihtelusta. Jos esimerkiksi sijoittaja on hajauttanut sijoituksensa sekä euroihin että dollareihin, hän voi hyötyä tilanteesta, jossa dollarin arvo vahvistuu suhteessa euroon. Tällöin sijoittajan dollareissa olevat sijoitukset ovat arvokkaampia euroissa mitattuna, mikä lisää sijoittajan kokonaistuottoa.

Hajauttamalla sijoitukset eri valuuttoihin sijoittaja voi myös suojautua geopoliittisilta riskeiltä. Jos sijoittaja on sijoittanut vain yhteen valuuttaan, hän on alttiina kyseisen maan tai alueen taloudellisille ja poliittisille riskeille. Sijoitukset eri valuuttoihin hajauttamalla sijoittaja voi vähentää näitä riskejä.

Maantieteellisellä hajauttamisella sijoittaja voi myös hyötyä eri maiden talouskehityksestä. Jos esimerkiksi sijoittaja on hajauttanut sijoituksensa sekä eurooppalaisiin että aasialaisiin osakkeisiin, hän voi hyötyä tilanteesta, jossa Aasian talous kasvaa nopeammin kuin Euroopan talous.

Erilaisiin sijoitusinstrumentteihin sijoittaminen voi auttaa sijoittajaa vähentämään sijoituksen markkinariskiä ja hyötymään eri markkinoilla tapahtuvista muutoksista. Esimerkiksi osakkeet ovat yleensä hyvä valinta silloin, kun markkinat ovat nousevassa trendissä ja yritysten tulosennusteet ovat positiivisia. Toisaalta, joukkovelkakirjat voivat olla turvallisempi sijoitusvaihtoehto silloin, kun markkinat ovat epävarmoja tai laskevassa trendissä, sillä ne tarjoavat kiinteän koron ja vakaita tuottoja.

Kiinteistösijoitukset voivat olla houkutteleva vaihtoehto, sillä ne tarjoavat sijoittajalle vakaita kassavirtoja ja pitkäaikaisia tuottoja. Kiinteistösijoitukset ovat myös hyvä tapa hajauttaa sijoituksia, sillä ne eivät ole suoraan yhteydessä osake- tai joukkovelkakirjamarkkinoihin.

Raaka-ainesijoitukset ovat myös yksi tapa hajauttaa sijoituksia. Raaka-aineiden hintoihin vaikuttavat monet tekijät, kuten globaalit markkinatilanteet, luonnonkatastrofit ja kysynnän ja tarjonnan muutokset. Raaka-ainesijoitukset voivat tarjota sijoittajalle suojaa inflaatiolta ja markkinoiden heilahteluilta.

On hyvä muistaa, että eri sijoitusinstrumentit tarjoavat erilaisia riskejä ja tuottoja. Sijoittajan on tutkittava huolellisesti jokainen sijoitusinstrumentti ja hajautettava sijoituksensa useisiin eri instrumentteihin ja toimialoihin, jotta voidaan minimoida sijoitusriskit ja saada aikaan optimaalinen tuotto sijoitetulle pääomalle.

On kuitenkin tärkeää ymmärtää, että liiallinen hajauttaminen voi myös vähentää sijoituksen tuottomahdollisuuksia. Sijoittajan tulee löytää sopiva tasapaino hajauttamisen ja tuottojen välillä, joka riippuu henkilökohtaisista tavoitteista ja riskinsietokyvystä. Yleinen suositus on hajauttaa sijoitukset vähintään kymmenen eri kohteeseen, mutta liian laaja hajautus voi vaikuttaa sijoituksen tehokkuuteen negatiivisesti ja kasvattaa sijoituskuluja.

Hajauttamisstrategian toteuttaminen vaatii huolellista tutkimusta ja suunnittelua, jotta sijoitukset ovat riittävästi hajautettuja ja sopivat sijoittajan tarpeisiin. Kun hajauttamisstrategia on toteutettu oikein, se auttaa vähentämään riskiä ja lisää mahdollisuutta saavuttaa sijoitustavoitteet pitkällä aikavälillä.

3.5 Osinkosijoittaminen

Osinkosijoittaminen on sijoitusstrategia, joka keskittyy osinkotuottoon. Osinko on yhtiön jakama voitto osakkeenomistajilleen, ja osinkosijoittajat etsivät yhtiöitä, jotka maksavat säännöllisesti ja kasvavasti osinkoa. Tämä strategia eroaa kasvusijoittamisesta, joka perustuu yhtiöiden valintaan niiden kasvumahdollisuuksien perusteella.

Osinkosijoittajat etsivät yhtiöitä, jotka maksavat korkeaa osinkotuottoa ja ovat vakaita ja kannattavia. He myös tarkastelevat yhtiön taloudellista tilannetta ja arvioivat sen kykyä maksaa osinkoa tulevaisuudessa. Usein osinkosijoittajat sijoittavat suuriin ja vakiintuneisiin yhtiöihin, kuten pankkeihin, öljy- ja kaasuyhtiöihin sekä kuluttajatuotteiden valmistajiin.

Osinkosijoittaminen voi tarjota sijoittajille säännöllistä ja kasvavaa tuottoa pitkällä aikavälillä. Osingot voivat myös auttaa suojaamaan sijoitusta laskusuhdanteissa, sillä osinkoja maksetaan yleensä riippumatta markkinoiden tilanteesta. Lisäksi osinkotuloja voi käyttää uudelleensijoittamiseen, jolloin sijoituksesta voi tulla entistäkin tuottavampi. Merkityksellistä on kuitenkin huomioida että osingoista mahdollisesti maksettava vero vähentää tuottoja, tästä syystä onkin järkevää miettiä miten osinkoyhtiöihin sijoittaa. Esimerkiksi osakesäästötili ja sijoitusvakuutus ovat tuotteita, joissa veroa maksetaan vasta kun pääomia nostetaan ulos. Tällöin pääsee hyödyntämään paremmin korkoa korolle ilmiötä.

Osinkosijoittaminen ei kuitenkaan ole riskitöntä. Yhtiön taloudellisen tilanteen heikentyminen voi johtaa osingon leikkaamiseen tai jopa poistamiseen. Osinkosijoittajien onkin tärkeää seurata yhtiön kehitystä ja tehdä sijoituspäätöksensä huolellisesti.

Yhteenvetona voidaan todeta, että osinkosijoittaminen on sijoitusstrategia, joka keskittyy osinkotuottoon. Osinkosijoittajat etsivät yhtiöitä, jotka maksavat säännöllisesti ja kasvavasti osinkoa ja ovat vakaita ja kannattavia. Osinkosijoittaminen voi tarjota sijoittajille säännöllistä ja kasvavaa tuottoa pitkällä aikavälillä, mutta sijoittajan on oltava tietoinen riskeistä ja tehtävä perusteellista tutkimusta ennen sijoituspäätöksen tekemistä.

Tässä on muutamia esimerkkejä yhtiöistä, jotka ovat kasvattaneet osinkojaan pitkään:

3M Company (MMM) - Monialainen teknologiayhtiö on maksanut osinkoa yli 100 vuotta ja nostanut osinkoaan 63 vuotta peräkkäin. Nykyisellään yritys on kohdannut haasteita ja sen liikevaihto on vähentynyt ja yritys on aloittanut sopeuttamistoimet. Nähtäväksi saako 3M suunnattua takaisin kasvu-uralle ja jatkuuko osinkojen maksaminen ja nostaminen aiempaan tapaan.

Automatic Data Processing (ADP) - Automatic Data Processing on henkilöstö- ja palkanlaskentapalvelujen tarjoaja, joka on nostanut osinkoa 46 peräkkäisenä vuotena. Yhtiön palveluja käyttävät kaikenkokoiset yritykset työntekijätietojen hallintaan ja palkanlaskentaan.

Caterpillar Inc. (CAT) - Caterpillar on rakennus- ja kaivoslaitteiden valmistaja, joka on nostanut osinkoaan 27 vuotta peräkkäin. Yhtiö valmistaa monenlaisia tuotteita, kuten puskutraktoreita, kaivinkoneita ja kaivinkoneita.

Coca-Cola (KO) - juomajätti on maksanut osinkoa yli 100 vuotta ja nostanut osinkoaan 59 peräkkäisenä vuotena.

Colgate-Palmolive (CL) - Colgate-Palmolive on kulutustavarayhtiö, joka on nostanut osinkoaan 57 vuotta peräkkäin. Yhtiö valmistaa monenlaisia henkilökohtaisia hygieniatuotteita, kuten hammastahnaa, saippuaa ja deodoranttia.

Emerson Electric Co. (EMR) - Emerson Electric on monipuolinen teollisuusyritys, joka on nostanut osinkoaan 64 peräkkäisenä vuotena. Yhtiö tuottaa monenlaisia tuotteita, kuten automaatiojärjestelmiä, teollisuuslaitteita ja ilmastointiratkaisuja.

ExxonMobil (XOM) - energiayhtiö on maksanut osinkoa yli 100 vuotta ja nostanut osinkoaan 38 vuotta peräkkäin.

Genuine Parts Company (GPC) - Genuine Parts Company on auto- ja teollisuusosien jakelija, joka on nostanut osinkoaan 65 peräkkäisenä vuotena. Yhtiö toimii useiden tuotemerkkien, kuten NAPA Auto Parts ja Motion Industries, kautta.

Hormel Foods Corporation (HRL) - Hormel Foods on elintarvikkeiden jalostusyritys, joka on nostanut osinkoaan 55 peräkkäisenä vuotena. Yhtiö tuottaa monenlaisia elintarvikkeita, kuten Spam- ja Skippy -maapähkinävoita sekä Jennie-O-kalkkunatuotteita.

Johnson & Johnson (JNJ) - terveydenhuoltoyhtiö on maksanut osinkoa ja nostanut osinkoaan 61 vuotta peräkkäin. Johnson Controls International (JCI) - Johnson Controls on monipuolinen teollisuusyritys, joka on nostanut osinkoaan 12 peräkkäisenä vuotena. Yhtiö valmistaa LVI-järjestelmiä ja muita teollisuustuotteita.

Medtronic (MDT) - Medtronic on lääketieteellisen teknologian yhtiö, joka on nostanut osinkoaan 44 peräkkäisenä vuotena. Yhtiö valmistaa monenlaisia lääkinnällisiä laitteita, kuten sydämentahdistimia, insuliinipumppuja ja kirurgisia instrumentteja.

Microsoft (MSFT) - tämä teknologiayhtiö on maksanut osinkoja vasta vähän aikaa sitten, mutta sen liikevaihto ja tulos ovat kasvaneet jatkuvasti, ja se on nostanut osinkoaan joka vuosi siitä lähtien, kun se alkoi maksaa osinkoa vuonna 2003.

PepsiCo (PEP) - PepsiCo on kulutustavarayhtiö, joka on nostanut osinkoaan 49 peräkkäisenä vuotena. Yhtiö tuottaa monenlaisia elintarvike- ja juomatuotteita, kuten Pepsiä, Frito-Layn välipaloja ja Quaker Oatsia.

Procter & Gamble (PG) - kulutustavarayhtiö on maksanut osinkoa yli 100 vuotta ja nostanut osinkoaan 65 vuotta peräkkäin.

Prologis (PLD) - logistiikkakiinteistösijoitusyhtiö on maksanut osinkoa yli 20 vuotta ja nostanut osinkoaan 10 vuotta peräkkäin.

Target Corporation (TGT) - Target on vähittäiskauppa-alan yritys, joka on nostanut osinkoaan 50 vuotta peräkkäin. Yhtiöllä on Yhdysvalloissa yli 1 900 myymälää, ja se on viime vuosina laajentanut verkkokauppaa.

Walmart Inc. (WMT) - Walmart on vähittäiskauppa-alan yritys, joka on nostanut osinkoaan 48 peräkkäisenä vuotena. Yhtiöllä on alennustavaratalojen ketju sekä verkkokauppatoimintaa.

On tärkeää pitää mielessä, että aiempi kehitys ei ole osoitus tulevista tuloksista, ja on aina hyvä idea tehdä perusteellinen tutkimus ja esimerkiksi keskustella muiden sijoittajien kanssa tai neuvotella riippumattoman sijoitusneuvojan kanssa ennen sijoituspäätösten tekemistä.

3.6 Momentum -sijoitusstrategia

Momentum-sijoitusstrategia on sijoitusstrategia, joka perustuu ajatukseen, että menestyneet sijoituskohteet jatkavat hyvää suorituskykyään tulevaisuudessa. Strategia perustuu siis trendien hyödyntämiseen ja sopii sijoittajille, jotka haluavat lyhytaikaisia hyötyjä markkinoiden trendeistä.

Sijoittajan tulee etsiä osakkeita, joiden hinta on noussut viime aikoina ja joilla on vahva suhteellinen asema markkinoilla. Valitun osakkeen jälkeen sijoittaja ostaa sen ja pitää sitä, kunnes sen suorituskyky alkaa heikentyä. Tämän jälkeen osake myydään ja etsitään uusi potentiaalinen sijoituskohde.

Momentum -sijoitusstrategia ei ole riskitön sijoitusstrategia, sillä se perustuu sijoittajan kykyyn löytää oikeita osakkeita, joilla on hyvä suorituskyky. Lisäksi markkinat voivat muuttua nopeasti, mikä vaikuttaa osakkeiden hintoihin ja suorituskykyyn.

On tärkeää huomata, että momentum -sijoitusstrategian menestys riippuu vahvasti markkinoiden tilanteesta ja sen mukauttamisesta markkinoiden muutoksiin. Vaikka strategia voi tarjota lyhytaikaisia hyötyjä, on tärkeää muistaa, että pitkäaikainen menestys edellyttää jatkuvaa seurantaa ja muutosten tekemistä sijoitusportfolioon tarvittaessa.

Momentum -sijoitusstrategia on yksi monista sijoitusstrategioista, ja sen menestyminen riippuu sijoittajan taidoista ja kyvyistä seurata markkinoita. On tärkeää muistaa, että kaikki sijoitukset sisältävät riskejä, ja sijoittajan on aina arvioitava oma riskinsietokykynsä ennen sijoituspäätöksen tekemistä.

3.7 Arbitraasi -sijoitusstrategia

Arbitraasi -sijoitusstrategia perustuu hyödyntämään hintaeroja saman sijoituskohteen eri markkinoilla. Ideana on ostaa alhaisemmalla hinnalla ja myydä korkeammalla hinnalla, jolloin sijoittaja voi saada voittoa ilman riskiä.

Arbitraasi -strategiaa käyttävät sijoittajat etsivät markkinoilta kohteita, joilla on eri hintatasot eri markkinoilla, mutta samalla riskitasolla. Esimerkiksi, jos osake X:n hinta on 10 euroa Helsingin pörssissä ja 10,20 euroa Tukholman pörssissä, sijoittaja voi ostaa osakkeita Helsingistä ja myydä ne Tukholmassa saadakseen voittoa 0,20 euroa per osake.

Tämä sijoitusstrategia vaatii tarkkaa seurantaa ja nopeita reaktioita, sillä hintaerot voivat olla hyvin pieniä ja muuttuvia. Lisäksi arbitraasi -strategia vaatii suuria sijoitussummia, jotta sijoittaja voi saada merkittäviä voittoja.

Arbitraasi -sijoitusstrategia on monimutkainen ja vaatii erityistä osaamista ja tietotaitoa. Se on suosittu institutionaalisten sijoittajien keskuudessa, mutta vaatii usein erikoistuneita sijoitusyhtiöitä tai rahastoja, jotka käyttävät tätä strategiaa.

Vaikka arbitraasi -strategia voi tuottaa merkittäviä voittoja, se ei ole riskitön sijoitusstrategia, sillä markkinoiden hintaerot voivat muuttua nopeasti ja odottamattomasti. Sijoittajan on tärkeää arvioida huolellisesti riskejä ennen kuin käyttää tätä strategiaa ja varmistaa, että se sopii omiin tavoitteisiin ja riskinsietokykyyn.

3.8 Vastuullinen sijoittaminen

Vastuullinen sijoittaminen on kasvava trendi sijoitusmaailmassa. Se on sijoitusstrategia, joka yhdistää taloudellisen tuoton ja yhteiskunnallisen vaikutuksen. Vastuullinen sijoittaminen pyrkii sijoittamaan yrityksiin, jotka toimivat kestävän kehityksen periaatteiden mukaisesti ja noudattavat vastuullisia toimintatapoja.

Vastuullisen sijoittamisen lähestymistapa voi vaihdella sijoittajien välillä. Yksi tapa on välttää sijoittamasta yrityksiin, jotka toimivat vastoin sijoittajan arvoja, kuten yrityksiin, jotka ovat mukana ympäristötuhoissa tai rikkovat ihmisoikeuksia. Toinen tapa on sijoittaa yrityksiin, jotka noudattavat vastuullisuusperiaatteita ja edistävät kestävää kehitystä, kuten uusiutuvan energian ja hiilineutraalin teknologian yrityksiin.

Vastuullinen sijoittaminen ei tarkoita, että sijoittaja luopuu tuotosta. Itse asiassa, useat tutkimukset ovat osoittaneet, että vastuullisesti sijoitetut varat voivat tuottaa saman tai jopa korkeamman tuoton kuin perinteisesti sijoitetut varat. Tämä johtuu siitä, että vastuullisuus on yhä tärkeämpi osa yritysten menestystä ja siksi vastuulliset yritykset ovat usein taloudellisesti vahvoja.

Vastuullinen sijoittaminen on myös tapa vaikuttaa yhteiskuntaan ja ympäristöön positiivisesti. Sijoittajat voivat käyttää äänivaltaansa yrityksissä, joissa he omistavat osakkeita, edistääkseen vastuullisuutta ja kestävää kehitystä. Tämä voi johtaa yritysten muutoksiin parempaan suuntaan ja luoda kestävämpiä tulevaisuuden yrityksiä.

Vastuullinen sijoittaminen ei ole pelkästään moraalinen velvollisuus, vaan se on myös kestävä ja järkevä tapa sijoittaa nyt ja tulevaisuudessa. Sijoittajat voivat hyötyä taloudellisesti vastuullisesta sijoittamisesta, samalla kun he vaikuttavat ympäröivään maailmaan positiivisesti.

3.9 Kasvusijoittaminen

Kasvusijoittaminen on sijoitusstrategia, joka perustuu yhtiöiden valintaan niiden kasvumahdollisuuksien perusteella. Kasvusijoittajat etsivät yhtiöitä, joiden odotetaan kasvavan nopeasti tulevaisuudessa ja jotka voivat tarjota suuren potentiaalin tuottoon. Tämä strategia eroaa arvosijoittamisesta, joka perustuu yhtiöiden nykyiseen arvostukseen suhteessa niiden kirjanpitoarvoon.

Kasvuyhtiöt voivat tarjota sijoittajille mahdollisuuden ansaita huomattavia voittoja nopeasti, vaikka niiden arvostusmittarit ovat usein korkealla. Kasvusijoittajat etsivät yhtiöitä, jotka ovat teknologian, terveydenhuollon, energian tai muun kasvualan johtavia toimijoita. Nämä yhtiöt ovat yleensä pieniä tai keskisuuria, mutta niillä on suuri potentiaali kasvaa nopeasti ja tarjota korkeaa tuottoa sijoittajille.

Kasvusijoittamisen riskit ovat kuitenkin korkeat, sillä kasvuyhtiöiden tulevaisuuden näkymät voivat muuttua nopeasti, mikä voi johtaa sijoituksen arvon laskuun. Lisäksi kasvuyhtiöiden arvostusmittarit ovat usein korkeat, mikä tarkoittaa, että sijoittaja voi maksaa ylihinnan osakkeista, joilla on vielä paljon kasvumahdollisuuksia jäljellä. Kasvusijoittaminen voi kuitenkin olla riskialtista, sillä yritysten kasvupotentiaali ei aina toteudu odotetulla tavalla.

Kasvusijoittaminen vaatii sijoittajilta taitoa ja kärsivällisyyttä, sillä useimmat kasvuyhtiöt eivät tuota voittoa alkuvaiheessa. Sijoittajan onkin tärkeää tutkia huolellisesti yhtiön liiketoimintamalli, taloudellinen tilanne ja tulevaisuuden näkymät ennen sijoituspäätöksen tekemistä.

Yhteenvetona voidaan todeta, että kasvusijoittaminen on sijoitusstrategia, joka perustuu yhtiöiden valintaan niiden kasvumahdollisuuksien perusteella. Tämä strategia voi tarjota sijoittajille huomattavia voittoja nopeasti, mutta sijoittajan on oltava tietoinen korkeista riskeistä ja tehtävä perusteellista tutkimusta yhtiöstä ennen sijoituspäätöksen tekemistä.

3.10 Päiväkauppa

Vaikka osakkeiden päiväkauppa on sijoitustoimintaa, se ei ole sama asia kuin sijoitusstrategia, vaan pikemminkin lyhytaikainen kaupankäyntistrategia tai sijoitustaktiikka. Päiväkauppa perustuu nopeaan kaupankäyntiin ja lyhyen aikavälin hintojen ennustamiseen. Päiväkaupassa pyritään hyötymään lyhytaikaisia hintaeroja sijoitusmarkkinoilla ja yritetään tehdä nopeasti voittoa. Päiväkauppa eroaa pitkän aikavälin sijoitusstrategioista, joilla pyritään hyödyntämään pitkän aikavälin kehitystä. Lyhytaikainen kaupankäynti on yleensä pidettävä erillisenä sijoitusstrategiana osta ja pidä - strategiasta, arvostrategiasta, trendisijoittamisesta tai hajauttamisesta.

Päiväkauppa perustuu tekniseen analyysiin ja markkinadataan. Päiväkauppa onkin erityinen sijoitusmuoto, joka vaatii huolellista opiskelua ja koulutusta. Päiväkauppiaat pyrkivät hyötymään lyhyen aikavälin markkinavaihteluista ja voivat käydä kauppaa useita kertoja päivässä samalla osakkeella, jolloin pienetkin kurssimuutokset voivat vaikuttaa tuottoihin.

Päiväkauppa vaatii paljon aikaa, vaivaa ja taitoa, ja sijoittajan on oltava erittäin tarkkaavainen ja nopea reagoimaan markkinoiden muutoksiin, jotta hän voi hyödyntää avautuvat mahdollisuudet nopeasti. Lisäksi sijoittajan on oltava valmis käyttämään monimutkaisia kaupankäyntitekniikoita ja työkaluja, kuten teknistä analyysia ja automatisoituja kaupankäyntijärjestelmiä.

Lyhytaikaisen kaupankäynnin riskit ovat kuitenkin korkeat. Nopea kaupankäynti ja lyhyt aikaväli tarkoittavat sitä, että sijoittaja altistuu suuremmille hintavaihteluille ja volatiliteetille. Lisäksi kaupankäyntikulut voivat syödä suuren osan sijoituksen tuotosta. On tärkeää, että sijoittaja tutkii huolellisesti markkinoiden ja kaupankäyntistrategioiden muutoksia sekä hallitsee riskinsä tarkasti.

Menestyvät treidaajat käyttävät sekä teknistä että perustavanlaatuista analyysiä tehokkaan päätöksenteon tueksi. On tärkeää huomioida, että lyhytaikainen kaupankäynti soveltuu parhaiten sijoituskohteisiin, joilla on suuri päivänsisäinen vaihto ja pieni spread. Sijoittajan on tärkeää olla tietoinen riskeistä ja käyttää harkintaa päätöksenteossaan.

Päiväkauppa onkin hyvin riskialtista ja voi johtaa suuriin tappioihin yllättävien tilanteiden vuoksi. Kaupankäyntirobotit voivat aiheuttaa nopeita liikkeitä markkinoilla, mikä voi johtaa suuriin heilahduksiin osakkeen arvossa ilman järkevää selitystä. Tämän vuoksi päiväkaupankäyntiin ryhtyvien on oltava erityisen perehtyneitä ja varovaisia.

Päiväkaupan ja teknisen analyysin salojen perusteellinen selvittäminen vaatisi vähintään erillisen kirjan verran tietoa ja ymmärrystä, joten emme käsittele aihetta syvällisemmin tässä kirjassa.

3.11 Senttiosakkeet

Senttiosakkeet ovat osakkeita, joiden markkina-arvo on erittäin alhainen, yleensä alle yhden euron tai dollarin. Ne ovat yleensä pieniä yhtiöitä, jotka eivät välttämättä ole vielä kehittäneet liiketoimintaansa tai saavuttaneet merkittävää menestystä markkinoilla. Senttiosakkeet ovat yleensä riskialttiita sijoituskohteita, sillä niiden hinta vaihtelee voimakkaasti, eikä niiden kehitystä ole välttämättä helppo ennustaa.

Senttiosakkeiden ostaminen voi olla houkuttelevaa, sillä niiden hinta on alhainen ja potentiaalinen tuotto suuri, jos yhtiö menestyy markkinoilla. Toisaalta senttiosakkeiden riskit ovat myös suuret, sillä yhtiöiden taloudellinen tilanne voi olla heikko, ja osakkeen arvo voi romahtaa nopeasti. Senttiosakkeisiin sijoittavien onkin tärkeä tehdä perusteellista taustatyötä ja arvioida huolellisesti yhtiön taloudellista tilannetta ja tulevaisuudennäkymiä.

Senttiosakkeiden kaupankäyntiin liittyy myös erityisiä riskejä. Niiden kaupankäyntivolyymi on yleensä alhainen ja spread iso, mikä tarkoittaa, että niiden kannattava ostaminen ja myyminen voi olla vaikeaa. Lisäksi senttiosakkeiden hintojen heilahtelut voivat olla hyvin voimakkaita, ja niiden ostaminen tai myyminen voi aiheuttaa suuria tappioita.

Senttiosakkeisiin sijoittavien tulee olla valmiita ottamaan riskejä, mutta myös ymmärtää, että ne voivat olla erittäin epävakaita sijoituskohteita. Senttiosakkeisiin sijoittaminen voi olla houkuttelevaa, mutta sijoittajien tulee muistaa, että ne ovat yleensä sopivia vain sijoittajille, jotka ovat valmiita hyväksymään korkean riskitason ja ovat valmiita tekemään perusteellista taustatyötä yhtiön taloudellisesta tilanteesta.

4. Sijoittamisen käytännön asiat

Sijoittamisen käytännön asiat on hyvä oppia ja ymmärtää varhaisessa vaiheessa, sillä niiden hallitseminen auttaa sijoittajaa tekemään parempia päätöksiä ja saavuttamaan parempia tuloksia sijoitustoiminnassa. Varmaan kaikkein tärkein käytännön asioista on sijoitussuunnitelman laatiminen.

Sijoittamisen maailma tarjoaa useita tapoja käydä kauppaa eri arvopapereilla, kuten osakkeilla, joukkovelkakirjoilla ja hyödykkeillä. Jokaisella kaupankäyntitavalla on omat etunsa ja haittansa, ja sijoittajan on tärkeää ymmärtää nämä erot ennen kaupankäynnin aloittamista.

Pörssikaupankäynnissä sijoittaja ostaa tai myy arvopapereita pörssin kauppapaikalla käyttäen joko online-kaupankäyntijärjestelmää tai välittäjää. Pörssikaupankäynti tarjoaa sijoittajalle suoran pääsyn markkinoille ja mahdollisuuden reaaliaikaiseen hintojen seurantaan. Välittäjän kautta tapahtuva kaupankäynti tarkoittaa sitä, että sijoittaja käyttää välittäjää tekemään kaupat hänen puolestaan. Tämä kaupankäyntitapa sopii sijoittajille, jotka tarvitsevat apua kaupankäynnin aloittamisessa ja haluavat hyödyntää välittäjän tarjoamia työkaluja ja resursseja.

Automatisoitu kaupankäynti on kasvava trendi, jossa kaupankäynti tapahtuu automaattisesti tietokoneohjelman avulla.

Tietokoneohjelma voi perustua esimerkiksi tekniseen analyysiin tai algoritmeihin, jotka analysoivat markkinatilanteita ja tekevät kaupankäyntipäätökset sijoittajan puolesta. Automatisoitu kaupankäynti sopii sijoittajille, jotka haluavat käydä kauppaa nopeasti ja tehokkaasti.

Yksi erittäin tärkeä käytännön asia joka tulee sijoittajan oppia on sijoitusten hajauttaminen, se auttaa vähentämään riskiä. Sijoitusten hajauttaminen tarkoittaa, että sijoitukset jaetaan esimerkiksi eri omaisuusluokkien, kuten osakkeiden, joukkovelkakirjojen, kiinteistöjen ja raaka-aineiden, välillä. Tämä auttaa välttämään yhden omaisuusluokan heilahtelun vaikutukset salkun kokonaisarvoon. Hajauttaminen onkin yksi harvoista lähes ilmaisista sijoittamisen eduista, joilla voi vähentää riskiä ja pyrkiä parempaan tuottoon.

Verotus ja sijoittajan oikeudet ovat myös tärkeitä asioita, joita jokaisen sijoittajan tulisi tuntea. Verotuksen vaikutukset voivat olla merkittäviä sijoitusten tuottoihin, joten on tärkeää ymmärtää erilaiset verotusmahdollisuudet ja -säännöt. Sijoittajan oikeuksien tunteminen puolestaan auttaa varmistamaan, että sijoittaja saa oikeudenmukaisen kohtelun ja korvauksen mahdollisissa ristiriitatilanteissa. Verosuunnittelu onkin yksi olennainen osa sijoittamista.

Sijoitusten seuranta ja analysointi ovat tärkeitä asioita, sillä ne auttavat sijoittajaa pysymään ajan tasalla salkun kehityksestä ja tekemään tarvittavia muutoksia. Sijoitusten seuranta voi sisältää esimerkiksi salkun kokonaisarvon seuraamisen ja yksittäisten sijoitusten suorituskyvyn tarkkailun. Analysointi puolestaan auttaa ymmärtämään sijoitusten vahvuuksia ja heikkouksia sekä löytämään mahdollisia uusia sijoituskohteita.

Kaiken kaikkiaan sijoittamisen käytännön asioiden tunteminen on elintärkeää sijoittajan menestyksen kannalta. Kun sijoittaja hallitsee nämä asiat, hän voi tehdä parempia päätöksiä ja saavuttaa parempia tuloksia sijoitustoiminnassaan.

4.1 Osakevälittäjän valitseminen

Kokonaisuudessaan osakevälittäjän valinta ja arvo-osuustilin avaaminen ovat tärkeitä ensiaskeleita onnistuneessa osakesijoittamisessa. Tarkka vertailu eri vaihtoehtojen välillä kannattaa, jotta löytää itselleen sopivimman välittäjän ja palvelut. Kun välittäjän ja tilin palvelut on valittu huolella, sijoittaja voi keskittyä itse sijoitustoimintaan ja saavuttaa parhaat mahdolliset tulokset.

Osakevälittäjät ovat välittäjiä, jotka tarjoavat palveluja osakkeiden ja muiden sijoitusinstrumenttien ostamiseen ja myymiseen. Kun valitset osakevälittäjää, kannattaa ottaa huomioon ainakin seuraavat asiat: Asiakastuki, käytettävyys, luotettavuus, maine, kulut, veroraportit, tietojen ilmoitus suoraan verottajalle, lainoitus, luottolimiitti ja saatavilla olevat kauppapaikat. Osakevälittäjän valinnassa on otettava huomioon myös sijoittajan henkilökohtaiset tarpeet ja mieltymykset, kuten se tarvitaanko lisäpalveluita vaiko ainoastaan hyvin toimivat ja kustannustehokkaat perusominaisuudet.

Kaiken kaikkiaan osakevälittäjän valintaan vaikuttaa monia tekijöitä, ja eri sijoittajilla voi olla erilaisia tarpeita ja mieltymyksiä. On tärkeää tutkia huolellisesti eri välittäjiä ja niiden tarjoamia palveluita ennen kuin tekee päätöksen, ja myös ottaa huomioon oma riskinsietokyky ja sijoitustavoitteet.

Yksi tärkeimmistä tekijöistä on osakevälittäjän maine ja luotettavuus. On tärkeää valita vakavarainen ja luotettava välittäjä, jolla on hyvä maine alalla. Tämä takaa sen, että sijoittajan varat ovat turvassa, ja että välittäjä noudattaa sääntöjä ja määräyksiä.

Välittäjän kulujen tarkastelu on yksi tärkeimmistä asioista välittäjän valintaa tehdessä. On tärkeää tutkia kaikki mahdolliset kulut, kuten välityspalkkiot, säilytysmaksut ja kaupankäyntikulut. On kuitenkin hyvä muistaa, että halvin välittäjä ei aina ole paras vaihtoehto. Kulujen lisäksi on tärkeää arvioida myös palvelun laatua ja saatavilla olevia resursseja. Välittäjän kulut määräytyvät yleensä sijoitusten määrän ja kaupankäynnin volyymin perusteella. Ennen lopullisen päätöksen tekemistä, onkin tärkeää arvioida omaa sijoitustilannetta ja valita välittäjä sen perusteella. Muista siis tutkia tarkasti välittäjän kuluja ja harkita myös muita tärkeitä tekijöitä, jotta voit valita itsellesi sopivimman välittäjän.

Osakevälittäjän tulisi tarjota tietoja verotusta varten, kuten veroraportteja ja tiedotusta verotuksellisista tapahtumista. Joissain tapauksissa osakevälittäjä voi ilmoittaa kaikki verotukselliset tapahtumat suoraan verottajalle. Tämä helpottaa sijoittajan verotusta ja vähentää mahdollisia virheitä. Kun osakevälittäjä ilmoittaa tiedot suoraan verottajalle, sijoittaja ei joudu itse raportoimaan sijoitustensa tiedoista verottajalle. Tämä säästää sijoittajan aikaa ja vaivaa.

Osakevälittäjä voi myös tarjota mahdollisuuden lainata rahaa sijoitusten tekemiseen. Tämä voi olla hyödyllistä, mutta sijoittajan on otettava huomioon lainakustannukset ja riskit. Lainan vakuutena voivat toimia salkussa olevat osakkeet tai joku muu vakuus. Luotto voi olla myös ns. luottolimiitti tai valmiusluottolimiitti. Osakevälittäjä tarjoaa usein pääsyn eri kauppapaikkoihin, joissa voi käydä kauppaa. On tärkeää varmistaa, että välittäjä tarjoaa pääsyn tarvitsemiisi kauppapaikkoihin järkevin kustannuksin.

Yksi tärkeä tekijä on myös asiakaspalvelun sekä mahdollisen meklaripalvelun laatu. Hyvä osakevälittäjä tarjoaa laadukasta asiakaspalvelua ja vastaa nopeasti kysymyksiin ja ongelmiin. Lisäksi käytettävissä saatavissa voi olla meklaripalvelut kaupankäynnin avuksi. On tärkeää, että välittäjä tarjoaa kattavat ohjeet ja opetusmateriaalit sijoittamiseen liittyen. Osakevälittäjä voi tarjota myös erilaisia analyysipalveluja, kuten uutisvirtaa, raportteja ja analyysejä, jotka auttavat sijoittajaa tekemään parempia päätöksiä. Osakevälittäjän tarjoamat sovellukset ja alustat voivat vaikuttaa sijoituskokemukseen. On tärkeää varmistaa, että sovellus ja alusta ovat helppokäyttöisiä ja että ne tarjoavat tarvitsemasi toiminnot.

Kaiken kaikkiaan osakevälittäjän valintaan vaikuttaa monia tekijöitä, ja eri sijoittajilla voi olla erilaisia tarpeita ja mieltymyksiä. On tärkeää tutkia huolellisesti eri välittäjiä ja niiden tarjoamia palveluita ennen kuin tekee päätöksen, ja myös ottaa huomioon oma riskinsietokyky ja sijoitustavoitteet.

4.2 Osakesäästötili, arvo-osuustili, ja sijoitusvakuutus

Osakesäästötili on Suomessa käytössä oleva erityinen arvo-osuustili, joka on tarkoitettu pitkäaikaiseen osakesijoittamiseen. Henkilöllä voi olla vain yksi osakesäästötili samanaikaisesti. Tilille voi siirtää maksimissaan 100 tuhatta euroa. Osakesäästötiliä käyttämällä sijoittaja voi säästää veroissa, sillä osinko- ja myyntivoittoverot maksetaan vasta myöhemmin, kun varat nostetaan tililtä. Tämä mahdollistaa kannattavamman osakkeiden lyhytaikaisen omistamisen tai jopa päiväkaupan.

Huomioitava on kuitenkin että kaupankäyntikulut silti menee normaalisti. Mahdolliset myyntitappiot voi vähentää vasta tili lopetetaan ja varat nostetaan tililtä. Verokohtelun vuoksi osakesäästötilillä kannattaa sijoittaa käytännössä vain kotimaisiin osakkeisiin. Osakesäästötili on siis kuitenkin vaihtoehto pitkäaikaiseen sijoitustoimintaan.

Osakesäästötilin verokohtelun vuoksi sijoittaja voi edullisemmin huolehtia sijoituksien jatkuvasta optimaalisesta hajautuksesta eri yhtiöihin ja toimialoihin. Tämä tekee sijoitusstrategiasta joustavamman ja helpomman toteuttaa. Lisäksi osakesäästötiliä käyttämällä sijoittaja voi hyötyä normaalia paremmin korkoa korolle -ilmiöstä, joka voi tuoda merkittäviä etuja pitkällä aikavälillä.

Osakesäästötilin haittana on kuitenkin se, että varat eivät ole heti nostettavissa ilman veroseuraamuksia. Tämä tarkoittaa, että osakesäästötili ei sovi lyhytaikaiseen sijoittamiseen. Lisäksi osakesäästötilillä on myös rajoituksia siitä, mihin sijoituskohteisiin se voi käyttää.

Normaali arvo-osuustili sopii paremmin lyhytaikaiseen sijoittamiseen, koska varat ovat nostettavissa nopeammin ilman veroseuraamuksia nostovaiheessa. Arvo-osuustilillä ei ole rajoitteita talletuksille. Toisaalta, normaalilla arvo-osuustilillä ei ole samanlaisia veroetuja kuin osakesäästötilillä.

Normaalia arvo-osuustiliä käytettäessä verot maksetaan tapahtumapäivän mukaisen vuoden verotuksessa. Mikäli välittäjä tilittää verot automaattisesti kaupanteon yhteydessä jää sijoittajalle lähinnä veroehdotuksen tarkistaminen. Verotuksen vuoksi myös ulkomaisten osinko-osakkeiden omistaminen on järkevää, koska Suomen osinkoveroprosentin ylittävät lähdeverot pääsääntöisesti huomioidaan ja hyvitetään verotuksessa. Myös mahdolliset myyntitappiot voi vähentää verotuksessa ja kuluvan sekä seuraavan viiden vuoden aikana mahdollisista luovutusvoitoista.

Sijoitusvakuutus on erittäin hyvä ja kustannustehokas vaihtoehto erittäin pitkäjänteiselle sijoittamiselle. Sijoitusvakuutuksen tuottoa ei veroteta sijoitusvakuutuksen sisällä, kun käyt kauppaa sijoituskohteilla. Veroseuraamuksia syntyy vasta silloin kun rahaa nostetaan ulos sijoitusvakuutuksesta eli sijoitus kohteita voi ostaa ja myydä vakuutuksen määrittelemissä puitteissa ilman veroseuraamuksia. Osinkojen osalta suomalaisista osakkeista ei makseta lähdeveroa. Ulkomaisten osakkeiden osalta verokohtelu poikkeaa normaalista, eikä ulkomaille maksettuja lähdeveroja makseta takaisin tai hyvitetä vakuutussäästöön. Tällöin ulkomaisten osinko-osakkeiden osalta sijoitusvakuutus ei välttämättä ole paras ratkaisu. Sijoitusvakuutuksen sisällä käydystä kaupankäynnistä ei tarvitse ilmoittaa verotuksessa. Sijoitusvakuutus mahdollistaa sijoitusvarallisuuden siirron seuraavalle sukupolvelle ilman testamenttia ja ohi kuolinpesäselvityksen. Sijoitusvakuutuksessa ei ole maksimi talletusrajaa, toisin kuin osakesäästötilissä.

Sijoitusvakuutuksissa on eroja ja parhaimmillaan ne kuitenkin mahdollistavat kaupankäynnin kattavasti eri sijoitusinstrumenteilla, kuten rahastoilla, osakkeilla ja ETF:llä. Sijoitusvakuutuksessa voi olla mahdollista myös käyttää luototusta, mikä ei ole mahdollista osakesäästötilissä. Mikäli vakuutusehdot antavat myöden voi varoja nostaa ulos milloin tahansa vakuutuksen voimassaoloaikana ja sijoitusvakuutuksen voi päättää vakuutuksen ottajan omasta tahdosta tai sitten kun sijoitusvakuutuksenottaja kuolee. Tällöin säästöt maksetaan edunsaajille, jotka vakuutuksen ottaja on määrännyt. Tämä mahdollistaa nopean rahan saamisen edunsaajille, vaikka kuolinpesän selvittämisessä menisi pitkään. Verotus riippuu perintökaaren mukaan määräytyvästä verotuksen määrästä. Lähiomaisille henkivakuutuskorvaus on kokonaan perintöveron alaista tuloa, kun taas yhteisön tai ei lähiomaisen tapauksessa henkivakuutuskorvaus on kokonaan pääomatuloa. Koska kyseessä on kuitenkin vakuutus, on sijoittajan syytä perehtyä hyvin vakuutusehtoihin ennen sijoituspäätöstä. Parhaimmillaan sijoitusvakuutus on erittäin hyvä vaihtoehto pidempiaikaiseen sijoittamiseen, missä pääsee hyötymään korkoa korolle ilmiöstä.

Yhteenvetona, sijoitusvakuutus ja osakesäästötili on hyviä vaihtoehtoja pitkäaikaiseen osakesijoittamiseen, kun taas normaali arvo-osuustili sopii paremmin muun muassa lyhytaikaiseen sijoittamiseen. On tärkeää arvioida omia tarpeitaan ja sijoitustavoitteittaan ennen tilin valitsemista ja ottaa huomioon myös tilin kustannukset ja mahdolliset rajoitukset. Osakesäästötilin suurin etu on verotuksellinen, sillä tilillä olevat osingot ja myyntivoitot ovat verovapaita, kun taas arvo-osuustilillä verotus tapahtuu voiton realisoitumisen yhteydessä. Toisaalta, osakesäästötilillä on myös rajoituksia osakkeiden myyntiin ja ostoon, sekä rajoitettu valikoima sijoituskohteita.

4.3 Osakkeiden valinta ja analyysi

Osakesijoittamisen yksi haastavin asia on löytää potentiaalisia sijoituskohteita. Tämä tarkoittaa hyvän sijoituskohteen tunnistamista, joka on todennäköisesti arvokkaampi tulevaisuudessa ja tuottaa sijoittajalle hyvän tuoton. Tässä luvussa käsitellään muutamia tapoja löytää potentiaalisia sijoituskohteita.

Yritysten ja markkinoiden tutkiminen on tärkeä askel potentiaalisten sijoituskohteiden löytämisessä. Tutkimalla yritysten taloudellisia tunnuslukuja ja suorituskykyä voi löytää hyviä sijoituskohteita. Samalla tavalla markkinoiden ja toimialojen trendien analysointi auttaa löytämään potentiaalisia sijoituskohteita. Uutisten seuraaminen on avainasemassa potentiaalisten sijoituskohteiden löytämisessä. Yritysten toimintaan ja taloudelliseen suorituskykyyn vaikuttavat uutiset voivat auttaa tunnistamaan potentiaalisia sijoituskohteita.

Monet sijoitusalan analyytikot tarjoavat suosituksia eri yrityksistä ja toimialoista. Nämä suositukset perustuvat analyytikoiden laajaan tutkimustyöhön ja antavat hyvän käsityksen siitä, mikä yritys tai toimiala voi olla hyvä sijoituskohde. Johtavat sijoittajat, kuten Warren Buffett, ovat usein hyviä indikaattoreita potentiaalisista sijoituskohteista. Seuraamalla heidän sijoituspäätöksiään ja analysoimalla niitä voi oppia paljon siitä, mitkä yritykset tai toimialat voivat olla hyviä sijoituskohteita.

Tunnusluvut ovat tärkeä osa sijoituspäätöksiä. Ne kertovat yhtiön taloudellisesta tilanteesta ja kannattavuudesta. P/E -luku (osakkeen hinta suhteessa yhtiön voittoon) on yksi tunnusluku, joka kertoo kuinka paljon sijoittajat ovat valmiita maksamaan yhtiön voitosta. P/B -luku (osakkeen hinta suhteessa yhtiön tasearvoon) mittaa yhtiön varallisuutta ja osoittaa, kuinka paljon sijoittajat ovat valmiita maksamaan yhtiön taseesta. ROE (oman pääoman tuotto) mittaa yhtiön kannattavuutta ja osoittaa kuinka paljon yhtiö tuottaa voittoa sijoitetulle pääomalleen.

Sijoittajat voivat käyttää tunnuslukuja yhtiöiden vertailuun ja arvioidakseen, onko yhtiön osake houkutteleva sijoituskohde. Tunnuksia voidaan myös käyttää seuraamaan yhtiön taloudellista kehitystä ja selvittämään, onko yhtiö kasvussa vai laskussa. On tärkeää huomata, että tunnusluvut ovat vain yksi osa sijoituspäätöksen teossa ja niitä tulisi käyttää yhdessä muiden tärkeiden tekijöiden, kuten yhtiön liiketoiminnan ja kilpailuedun kanssa, ennen lopullisen päätöksen tekemistä.

Tunnuslukujen avulla sijoituskohteiden valitsemiseen voi hyödyntää mm. Liisan lista, Piksun listojen, Finviz ja Inderes työkaluja.

Tekninen analyysi on menetelmä, jolla arvioidaan osakkeen hintakehitystä tarkastelemalla historiallisia hinta- ja volyymitietoja. Tämä analyysi auttaa löytämään potentiaalisia sijoituskohteita, joilla on hyvä hintakehitys. Tekniseen analyysiin voit hyödyntää mm. Marketwatch palveluita tai esim. osakevälittäjääsi mahdollisesti tarjoamia työkaluja. Kaikki nämä menetelmät voivat auttaa löytämään potentiaalisia sijoituskohteita. Kuitenkin ennen kuin teet päätöksen sijoituksesta, on tarpeen tehdä perusteellinen tutkimus ja arvioida kaikki riskeihin liittyvät tärkeät tekijät.

4.4 Mitä tietoja sijoittajan tulisi etsiä yhtiöiden taloustiedoista?

Yhtiöiden taloustiedot ovat erittäin merkityksellisiä sijoittajille, jotka haluavat tehdä perusteltuja päätöksiä sijoituskohteistaan. Ennen sijoittamista on tärkeää tutkia yhtiön taloudellista tilannetta ja selvittää, mitä tietoja tulisi etsiä yhtiöiden taloustiedoista.

Yksi tärkeimmistä taloustiedoista on yhtiön tuloslaskelma, joka kertoo yhtiön liikevaihdon, kulut ja voiton. Tuloslaskelman avulla voidaan arvioida yhtiön kannattavuutta ja sen kykyä tuottaa voittoa. Sijoittaja voi myös vertailla yhtiön tuloslaskelmaa muihin vastaaviin yhtiöihin, jotta saadaan parempi käsitys yhtiön suorituskyvystä.

Toinen tärkeä tieto on yhtiön tase, joka kertoo yhtiön varallisuuden ja velat. Taseesta voidaan tarkastella yhtiön omaisuutta, kuten kiinteistöjä, laitteita, patentteja ja muita voimavaroja. Lisäksi taseesta voidaan selvittää yhtiön velkojen määrä ja maksukyky. Sijoittajan on tärkeää tarkastella tasetta saadakseen selville yhtiön vakavaraisuuden ja taloudellisen tilanteen.

Kolmas tärkeä taloustieto on kassavirtalaskelma, joka kertoo yhtiön rahavirtojen muutokset tiettynä ajanjaksona. Kassavirtalaskelman avulla voidaan tarkastella yhtiön kykyä tuottaa rahaa liiketoiminnallaan ja sen kykyä maksaa velkojaan ja osinkoja sijoittajilleen. Sijoittaja voi myös tarkastella rahavirtalaskelmaa nähdäkseen, kuinka paljon yhtiö käyttää rahaa investointeihin, tutkimukseen ja kehitykseen.

Lisäksi sijoittajan tulisi tutkia yhtiön johtoa ja hallitusta. On tärkeää selvittää, millaisia päätöksiä johto on tehnyt menneisyydessä, millainen johto on nyt ja mitä tavoitteita johto on asettanut tulevaisuudelle. Sijoittajan on myös tärkeää tarkastella yhtiön hallitusta ja sen jäsenten kokemusta ja asiantuntemusta.

Lopuksi sijoittajan tulisi tutkia yhtiön markkinatilannetta ja kilpailuetuja. Sijoittajan on tärkeää selvittää, millaisessa kilpailuasemassa yhtiö on suhteessa muihin kilpailijoihin. On myös tärkeää tarkastella yhtiön tuotteita ja palveluita ja selvittää, ovatko ne kilpailukykyisiä markkinoilla.

4.5 Sijoitusten seuranta ja analysointi

Sijoitusten seuranta ja analysointi ovat merkittävitä taitoja sijoitustoiminnassa. Sijoittajan tulisi seurata sijoituksiaan säännöllisesti ja analysoida niitä tarkasti, jotta hän voi tehdä parempia päätöksiä tulevaisuudessa.

Seuranta tarkoittaa sijoitusten tarkkaa seuraamista ja niiden arvon kehityksen seuraamista. Tämä on tärkeää, jotta sijoittaja voi saada tietoa sijoitustensa tuotoista ja riskeistä. Seurannan avulla sijoittaja voi myös havaita nopeasti mahdollisia ongelmia ja tehdä tarvittavat korjaustoimenpiteet ajoissa.

Analysointi puolestaan tarkoittaa sijoitusten tarkkaa tutkimista ja arvioimista. Tämä auttaa sijoittajaa ymmärtämään, mitkä sijoitukset he ovat onnistuneet hyvin ja mitkä eivät. Analysointi auttaa myös sijoittajaa tunnistamaan sijoitusten riskit ja mahdollisuudet sekä tekemään parempia päätöksiä tulevaisuudessa.

On olemassa useita tapoja seurata ja analysoida sijoituksia. Yksi tapa on käyttää erilaisia sijoitussovelluksia ja ohjelmistoja, jotka tarjoavat automaattisen seurannan ja analysoinnin. Näitä sovelluksia on saatavana useilta eri palveluntarjoajilta, ja ne voivat tarjota sijoittajille laajan valikoiman työkaluja sijoitusten seuraamiseen ja analysointiin.

Toinen tapa seurata sijoituksia ja analysoida niitä, joka sisältää manuaalista seurantaa ja tietojen keräämistä eri lähteistä, kuten sijoitusraporteista ja talousuutisista. Vaikka tämä voi viedä aikaa, se antaa sijoittajalle syvemmän ymmärryksen sijoitusten kehityksestä ja riskeistä.

Pörssiyhtiöillä on yleensä omat sijoittajille suunnatut osionsa tai sivustonsa internetissä. Niiltä löytyy laajasti tietoa yrityksestä, kuten osavuosikatsaukset, vuosikatsaukset ja tilinpäätöstiedotteet, jotka tarjoavat sijoittajille paljon olennaista tietoa yrityksestä ja auttavat heitä tekemään parempia sijoituspäätöksiä.

Lisäksi sijoittajat voivat käyttää ammattilaisia, kuten sijoitusneuvojia tai rahoitusneuvojia, jotka auttavat heitä seuraamaan ja analysoimaan sijoituksiaan. Näiden ammattilaisten avulla sijoittajat voivat saada paremman ymmärryksen sijoitustensa kehityksestä ja tehdä parempia päätöksiä tulevaisuudessa.

4.6 Analyysipalveluita

Maailmassa on lukuisia analyysipalveluita, joiden analyyseja ja työkaluja käyttämällä sijoittaja pystyy helpommin tunnistamaan potentiaalisia sijoituskohteita sekä seuraamaan oman sijoitusportfolionsa yritysten ja osakkeiden suoriutumista. Esimerkiksi Inderes, Finviz, Marketwatch, Simply Wall St, Seeking Alpha, Motley Fool ja Morningstar ovat suosittuja analyysipalveluita sijoittajien keskuudessa.

Inderes on suomalainen analyysipalvelu, joka tarjoaa laadukkaita analyysejä pääasiassa suomalaisista pörssiyhtiöistä. Palvelu sisältää myös ajankohtaisia uutisia ja raportteja sijoitusmarkkinoista sekä sijoitusaiheisia videoita. Inderes tarjoaa ilmaisia perusversioita raporteistaan sekä maksullisia laajempia raportteja, jotka sisältävät muun muassa analyytikon arvioinnit yhtiön tulevaisuuden näkymistä.

Finviz on pääosin ilmainen online-analyysipalvelu, joka tarjoaa käyttäjilleen erittäin intuitiivisen tavan etsiä ja analysoida eri osakkeita ja muita sijoituskohteita. Palvelu sisältää laajan valikoiman työkaluja ja ominaisuuksia, jotka auttavat sijoittajia tekemään perusteellisia analyysia sijoituksistaan.

Finvizin tärkeimpiä ominaisuuksia ovat sen osakkeiden seurantatyökalut, joiden avulla käyttäjät voivat seurata suosikkiosakkeidensa kehitystä ja tarkkailla uutisia ja muita tapahtumia, jotka voivat vaikuttaa niiden arvoon. Palvelu tarjoaa myös graafisia työkaluja, kuten interaktiivisia kaavioita ja karttoja, jotka auttavat käyttäjiä visualisoimaan ja ymmärtämään eri markkinoiden tilannetta.

Finviz tarjoaa myös erittäin laajan valikoiman suodattimia ja hakutyökaluja, joiden avulla käyttäjät voivat löytää osakkeita, jotka täyttävät tiettyjä kriteerejä. Esimerkiksi käyttäjät voivat hakea osakkeita tietyn markkina-arvon, P/E-luvun tai osinkotuoton perusteella. Tämä tekee Finvizistä erittäin hyödyllisen työkalun sijoittajille, jotka etsivät tiettyjä ominaisuuksia omaavia sijoituskohteita.

Yhteenvetona Finviz on erittäin kätevä ja monipuolinen analyysipalvelu, joka sopii hyvin sijoittajille, jotka haluavat tehdä nopeita ja perusteellisia analyyseja osakkeista ja muista sijoituskohteista. Palvelun helppokäyttöisyys ja laaja valikoima suodattimia tekee siitä hyödyllisen työkalun kaikille sijoittajille, olipa sitten kyseessä aloitteleva tai kokenut sijoittaja.

MarketWatch on verkkopalvelu, joka tarjoaa laajan valikoiman sijoitusaiheisia uutisia, analyysejä ja työkaluja. Yksi MarketWatchin tärkeimmistä palveluista on sen analyysityökalu, joka tarjoaa yksityiskohtaisia tietoja eri sijoituskohteista, kuten osakkeista, ETF:istä, joukkolainoista, valuutoista ja raaka-aineista.

MarketWatch analyysityökalu tarjoaa sijoittajille tärkeitä tietoja sijoituskohteista, kuten kurssitiedot, historialliset tiedot, tekniset indikaattorit, ennusteet ja analyytikkojen arviot. Lisäksi palvelu sisältää uutisvirran, joka tarjoaa ajankohtaisia uutisia ja artikkeleita sijoitusmaailmasta.

MarketWatchin analyysityökalu on helppokäyttöinen ja antaa sijoittajille mahdollisuuden suodattaa tietoja eri kriteereillä, kuten sijoituskohteen nimellä, sektorilla tai suorituskyvyn perusteella. Lisäksi palvelu tarjoaa graafisia esityksiä, joiden avulla sijoittajat voivat havainnollistaa sijoituskohteen kehitystä ajan mittaan ja tehdä päätöksiä sen perusteella.

MarketWatch on suosittu sijoittajien keskuudessa, koska se tarjoaa luotettavia ja ajankohtaisia tietoja sijoituskohteista. Palvelu on myös maksuton, mikä tekee siitä helposti saavutettavan kaikille sijoittajille.

Simply Wall St on kansainvälinen analyysipalvelu, joka tarjoaa sijoittajille erilaisia työkaluja, joiden avulla he voivat arvioida sijoituskohteiden potentiaalia. Palvelu käyttää erilaisia mittareita, kuten P/E- ja P/B -lukuja, arvioitaessa yhtiöiden arvostusta. Simply Wall St tarjoaa ilmaista perusversiota palveluistaan sekä maksullista premium-tilausta, jotka sisältävät laajempia analyysejä ja työkaluja.

Morningstar on kansainvälinen analyysipalvelu, joka tarjoaa laajaa tietokantaa yhtiöistä ja rahastoista. Palvelu sisältää myös analyysejä ja arvioita sijoituskohteista sekä raportteja sijoitusmarkkinoista. Morningstar käyttää omaa tähtiluokitusjärjestelmäänsä arvioidessaan rahastojen suoritusta ja arvostusta. Palvelu tarjoaa sekä ilmaisia perusversioita että maksullisia premium -tilauksia, jotka sisältävät laajempia analyysejä ja työkaluja.

Motley Fool on sijoitusyhtiö, joka tarjoaa sijoitusneuvontaa ja erilaisia analyyseja. Palvelu sisältää muun muassa osakeanalyysit, sijoitusideat ja sijoitusneuvonnan.

Investing.com on laaja-alainen finanssi- ja sijoituspalvelu, joka tarjoaa monipuolista tietoa ja työkaluja markkinoiden seurantaan ja sijoituspäätösten tekemiseen. Palvelu kattaa reaaliaikaiset markkinatiedot useista eri omaisuusluokista, kuten osakkeet, kryptovaluutat, indeksit, valuutat, hyödykkeet ja korkotuotteet. Tässä yhteenveto Investing.comin palveluista. Palveluihin sisältyy talouskalenteri, teknisen analyysin työkalut, uutiset ja analyysit, sijoitusfoorumi, seurantalistat ja paljon koulutusmateriaalia.

TradingView.com on noussut sijoittajien ja kaupankävijöiden ensisijaiseksi työkaluksi ympäri maailmaa. Sen laaja valikoima ominaisuuksia ja intuitiivinen käyttöliittymä ovat tehneet siitä maineikkaan ja kattavan palvelun teknisen analyysin ja markkinoiden seurannan saralla.

Se tarjoaa kattavan datavalikoiman eri omaisuusluokista mahdollistaen reaaliaikaisen seurannan ja historiallisen analyysin. Huippuluokan tekniset analyysityökalut, kuten graafiset työkalut, kuten trendiviivat ja Fibonacci-tasot, tukevat markkinoiden liikkeiden visualisointia ja kaupankäyntimahdollisuuksien tunnistamista. Lisäksi käytössä on myös skannaustyökalut, jotka auttavat löytämään ja seuraamaan sijoitusstrategioihin sopivia kohteita.

Palveluun sisältyy myös aktiivinen yhteisöfoorum, joka mahdollistaa käyttäjien ideoiden ja analyysejen jakamisen, tarjoten tilan vertailulle ja oppimiselle. Palvelu tarjoaa myös mahdollisuuden käydä suoraan kauppaa heidän työkaluilla siten että ne on integroitu toimimaan useiden eri vaihtoehtoisten osakevälittäjien palvelujen kanssa saumattomasti yhteen.

4.7 Analyysimenetelmät

Yrityksen taloudellisen tilan analysoiminen on tärkeä osa sijoituspäätöksen tekemistä. Tässä luvussa käsitellään erilaisia analyysimenetelmiä ja niiden soveltamista sijoitustoiminnassa.

Tuloslaskelman analyysi

Tuloslaskelman avulla voidaan tutkia yrityksen myynnin, kustannusten ja voiton kehitystä. Sijoittajan tulisi kiinnittää huomiota erityisesti liikevaihdon kasvuun, liikevoittoon ja nettotulokseen. Myös liikevoittomarginaali ja nettotulosprosentti ovat tärkeitä lukuja, sillä ne kertovat yrityksen kannattavuudesta.

Taseen analyysi

Taseen avulla voidaan arvioida yrityksen omaisuutta ja velkoja. Taseen avulla voidaan selvittää yrityksen vakavaraisuutta, maksuvalmiutta ja omavaraisuusastetta. Sijoittajan tulisi kiinnittää huomiota erityisesti omavaraisuusasteeseen, sillä se kertoo yrityksen kyvystä selviytyä taloudellisesti.

Kassavirta -analyysi

Kassavirta -analyysi antaa kuvan yrityksen rahavirroista. Kassavirta -analyysin avulla voidaan selvittää yrityksen kykyä generoida kassavirtaa ja käyttää sitä investointeihin ja osinkoihin. Sijoittajan tulisi kiinnittää huomiota erityisesti yrityksen vapaaseen kassavirtaan, sillä se kertoo yrityksen kyvystä selviytyä investoinneista ja maksaa osinkoja.

Osakekohtaiset tunnusluvut

Osakekohtaiset tunnusluvut kertovat yrityksen taloudellisesta tilanteesta suhteessa yhtiön osakkeiden hintaan. Sijoittajan tulisi kiinnittää huomiota erityisesti P/E -lukuun (osakkeen hinta suhteessa yhtiön voittoihin), P/B -lukuun (osakkeen hinta suhteessa yhtiön omaan pääomaan) ja P/S -lukuun (osakkeen hinta suhteessa yhtiön liikevaihtoon).

Vertailuanalyysi

Vertailuanalyysin avulla voidaan arvioida yrityksen suorituskykyä suhteessa kilpailijoihin. Vertailuanalyysissa vertaillaan eri yritysten tunnuslukuja keskenään. Sijoittajan tulisi kiinnittää huomiota erityisesti vertailuryhmän valintaan ja valita vertailuryhmä, joka vastaa mahdollisimman hyvin sijoituskohteen toimialaa ja liiketoimintaa.

Tekninen analyysi

Tekninen analyysi keskittyy osakkeen hintaan ja sen historiallisiin hintatietoihin. Tämän menetelmän avulla voidaan tutkia osakkeen hintamuutoksia, trendejä ja kaupankäyntimääriä. Tekninen analyysi auttaa tunnistamaan osakkeen potentiaalisen kehityksen ja mahdolliset kaupankäyntipisteet.

Fundamentaalianalyysi / Kokonaisvaltainen analyysi

Fundamentaalianalyysi keskittyy yrityksen taloudellisiin tietoihin, kuten liikevaihtoon, voittoihin, taseeseen ja kassavirtaan. Tämän menetelmän avulla voidaan analysoida yrityksen taloudellista tilaa ja sen tulevaisuuden potentiaalia. Fundamentaalianalyysi on tärkeä työkalu, kun arvioidaan yrityksen pitkän aikavälin kannattavuutta ja sen kykyä tuottaa voittoa.

Kilpailija-analyysi

Kilpailija-analyysi keskittyy yrityksen kilpailutilanteeseen ja sen asemaan markkinoilla. Tämän menetelmän avulla voidaan arvioida yrityksen kilpailukykyä ja sen kykyä erottua kilpailijoistaan. Kilpailija-analyysi auttaa myös ymmärtämään, miten yrityksen ala kehittyy ja millaisia haasteita se saattaa kohdata tulevaisuudessa.

SWOT -analyysi

SWOT -analyysi on lyhenne sanoista strengths, weaknesses, opportunities ja threats. Tämän menetelmän avulla voidaan arvioida yrityksen vahvuuksia, heikkouksia, mahdollisuuksia ja uhkia. SWOT -analyysi auttaa ymmärtämään yrityksen sisäisiä ja ulkoisia tekijöitä, jotka voivat vaikuttaa sen kehitykseen.

Teknologian arviointi

Teknologian arviointi auttaa tunnistamaan yrityksen käyttämät teknologiat ja niiden potentiaalisen vaikutuksen sen tulevaisuuteen. Tämän menetelmän avulla voidaan arvioida yrityksen teknologista osaamista ja sen kykyä kehittää uusia innovaatioita tulevaisuudessa.

4.8 Osakkeiden tekninen analyysi

Tekninen analyysi on sijoittamisen menetelmä, joka perustuu osakekurssien ja -vaihtojen tarkasteluun. Teknisessä analyysissä pyritään ennustamaan tulevia osakekurssien muutoksia tutkimalla historiallisia markkinatietoja, kuten hinta- ja volyymitietoja sekä trendejä.

Tämä menetelmä käyttää useita eri tekniikoita ja indikaattoreita, kuten trendianalyysi, tuki- ja vastustustasot, liukuvat keskiarvot, osakkeen volyymi ja erilaiset indikaattorit, jotka kuuluvat joko trendiä seuraaviin, oskillaattoreihin tai sekalaisiin indikaattoreihin. Näiden menetelmien avulla pyritään löytämään kaupankäyntimahdollisuuksia ja ennustamaan markkinoiden kehitystä.

Tekninen analyysi perustuu oletukseen siitä, että markkinatiedot heijastavat kaikkia osakkeiden arvoon vaikuttavia tekijöitä, kuten taloudellisia ja poliittisia tapahtumia. Sen avulla pyritään löytämään osakkeiden ostojen ja myyntien ajoitukseen liittyviä signaaleja, joita voidaan käyttää sijoituspäätöksissä.

Tekninen analyysi voi auttaa sijoittajia tunnistamaan tukitasoja, vastustustasoja ja trendejä, jotka voivat vaikuttaa osakekurssien kehitykseen. Tukitasot ovat hintatasoja, joilla osakkeen hinta ei ole aiemmin laskenut, kun taas vastustustasot ovat hintatasoja, joilla osakkeen hinta ei ole aiemmin noussut. Trendejä puolestaan ovat osakkeen hintakehityksen suuntaukset, kuten nousevat, laskevat tai sivuttaiset trendit.

Tekninen analyysi ei kuitenkaan takaa onnistunutta sijoituspäätöstä, sillä siihen vaikuttavat monet muutkin tekijät, kuten yleinen taloustilanne, yrityksen taloudellinen tilanne ja tulevaisuudennäkymät. Teknisen analyysin käyttäminen vaatii myös osaamista ja kokemusta, joten aloittelevan sijoittajan kannattaa olla varovainen sen käytössä.

Tekninen analyysi on tehokas työkalu päiväkaupankäynnissä, sillä se perustuu osakekurssin historian, osto- ja myyntivolyymien analysointiin sekä hintamuutosten ennustamiseen. Tämä analyysimuoto on myös perustana kaupankäyntirobottien algoritmeille. Vaikka tekninen analyysi tarjoaa mahdollisuuden hyötyä lyhytaikaisista markkinamuutoksista, päiväkaupankäynti voi olla erittäin riskialtista ja vaatia tarkkaa seurantaa sekä nopeaa reagointia muuttuviin markkinaolosuhteisiin.

Tekninen analyysi on yksi tapa analysoida osakemarkkinoita ja sijoituspäätöksiä tehdessä sitä voidaan käyttää myös pidemmän aikavälin sijoituspäätöksien ajoittamiseen. Vaikka sijoittaisit jatkuvasti kuukausittain, voi sijoituksen ajoittamisella olla merkitystä pitkällä aikavälillä, sillä markkinatilanne vaihtelee ajan myötä.

4.8.1 Yksinkertainen liukuva keskiarvo (SMA)

Yksi ensimmäisistä ja perustavanlaatuisimmista työkaluista teknisessä analyysissä on yksinkertainen liukuva keskiarvo (Simple Moving Average, SMA). Liukuva keskiarvo on käsite, joka tarjoaa sijoittajille ja kauppiaille mahdollisuuden arvioida tietyn omaisuuserän, kuten osakkeen, hyödykkeen tai valuutan, keskimääräistä hintaa tietyllä ajanjaksolla.

SMA lasketaan ottamalla tietyn ajanjakson aikana hintojen sulkeutumishinnat (tavallisesti päivittäiset hinnat) ja laskemalla niiden keskiarvo. Tämä keskiarvo esitetään yhtenä viivana graafisesti, ja se auttaa sijoittajia ymmärtämään hintakehityksen suuntaa.

Yksinkertainen liukuva keskiarvo on helppo ymmärtää ja soveltaa, mikä tekee siitä suositun aloittelevien sijoittajien keskuudessa. Se tarjoaa useita hyötyjä, kuten:

Trendien tunnistaminen: SMA auttaa tunnistamaan hintojen pitkän aikavälin suunnan. Jos SMA nousee, se voi osoittaa nousevan trendin, kun taas laskeva SMA voi viitata laskevaan trendiin.

Tukitasot ja vastustasot: Sijoittajat käyttävät SMA:ta määrittääkseen tukitasot (alhaiset hintatasot, joilla hinta voi pysähtyä) ja vastustasot (korkeat hintatasot, joilla hinta voi kääntyä alaspäin).

Osto- ja myyntisignaalit: Kun lyhytaikainen SMA ylittää pitkäaikaisen SMA:n ylöspäin (kultainen risti), se voi olla osto-signaali. Päinvastainen tilanne, kun lyhytaikainen SMA leikkaa pitkäaikaisen SMA:n alhaalta ylöspäin (kuoleman risti), voi olla myynti-signaali.

SMA:n suosio perustuu sen yksinkertaisuuteen ja selkeyteen, mutta se ei ole täydellinen. Se voi reagoida hitaasti nopeisiin hintamuutoksiin, ja siksi monet sijoittajat yhdistävät sen muihin teknisiin indikaattoreihin saadakseen kattavamman kuvan markkinoista.

SMA:ta voi käyttää eri aikaväleillä, kuten 50-päiväinen SMA, 200-päiväinen SMA tai muut mukautetut aikavälit riippuen sijoittajan tavoitteista ja sijoitusstrategiasta. Se on yksi niistä perustyökaluista, joka auttaa sijoittajia tekemään parempia päätöksiä osakkeisiin, hyödykkeisiin ja valuuttoihin liittyvissä sijoituksissaan.

4.8.2 Suhteellinen voimaindeksi (RSI)

RSI eli Relative Strength Index on merkittävä tekninen analyysin työkalu, joka auttaa sijoittajia arvioimaan osakkeiden tai muiden omaisuusluokkien arvostuksen muutosvoimaa ja tunnistamaan yliostettuja tai ylimyytyjä markkinoita. RSI perustuu hintakehitykseen ja liittyy hintojen nousujen ja laskujen suhteeseen tietyn ajanjakson aikana. Tämä indikaattori on kehitetty J. Welles Wilderin toimesta ja se on ollut käytössä vuosikymmeniä, osoittautuen hyödylliseksi sijoittajille kaikissa markkinaolosuhteissa.

RSI lasketaan yleisesti 14 päivän aikavälillä ja sen arvo vaihtelee 0:sta 100:aan. RSI-arvon laskentakaava on seuraava:

$$RSI = 100 - [100 / (1 + RS)]$$

Missä RS (Relative Strength) lasketaan seuraavasti:

$$RS = (Keskimääräiset\ nousupäivät\ /\ Keskimääräiset\ laskupäivät)$$

RSI antaa sijoittajille seuraavia mahdollisuuksia:

Yliostetut ja ylimyydyt markkinat: RSI mittaa, kuinka voimakkaasti osake on kohonnut tai laskenut tietyn ajanjakson aikana. Yleisesti ottaen, kun RSI on yli 70, se viittaa siihen, että markkina saattaa olla yliostettu, ja mahdollinen korjausliike alaspäin voi olla lähellä. Toisaalta, kun RSI on alle 30, se voi tarkoittaa, että markkina on ylimyyty, ja mahdollinen nousu voi olla lähellä.

Trendien vahvistaminen: RSI voi auttaa vahvistamaan hintatrendejä. Kun RSI vahvistaa hinnan nousutrendiä, se voi antaa lisää itseluottamusta sijoittajille pysyä pitkällä. Päinvastoin, kun RSI vahvistaa laskutrendiä, se voi tukea lyhyeksi myyntiä tai muuta myyntiä.

Divergenssi: RSI voi paljastaa divergenssin, joka tapahtuu, kun hintakäyrä ja RSI liikkuvat eri suuntiin. Divergenssi voi olla merkki tulevista trendimuutoksista.

Osto- ja myyntisignaalit: Monet sijoittajat käyttävät RSI-arvoja osto- ja myyntisignaalien generointiin. Kun RSI nousee yli 70 ja sitten laskee takaisin alle 70, se voi olla myyntisignaali. Kun se laskee alle 30 ja nousee takaisin yli 30, se voi olla osto-signaali.

RSI on voimakas työkalu teknisessä analyysissä, ja se tarjoaa arvokasta tietoa markkinoiden voimasta ja potentiaalisista trendimuutoksista. Se on kuitenkin vain yksi monista indikaattoreista, jotka sijoittajat voivat käyttää päätöksentekonsa tukena. On tärkeää käyttää RSI:ta yhdessä muiden analyysimenetelmien ja perusteellisen tutkimuksen kanssa saadakseen selkeämmän kuvan markkinaolosuhteista.

4.8.3 Eksponentiaalinen liukuva keskiarvo (EMA)

Eksponentiaalinen liukuva keskiarvo on herkempi uusille hintamuutoksille verrattuna perinteiseen liukuvaan keskiarvoon (SMA), koska se antaa suuremman painoarvon viimeisille tiedoille. EMA:n käyttö auttaa sijoittajia reagoimaan nopeammin markkinoiden muutoksiin.

EMA lasketaan ottaen huomioon tietty määrä viimeisimpiä hintoja ja antaen eniten painoarvoa uusimmille hinnoille. Tämä tekee EMA:sta nopeamman reagoimaan markkinoiden muutoksiin verrattuna SMA:han, joka tasoittaa hintoja tasaisesti.

Sijoittajat käyttävät EMA:ta monin tavoin:

1. Trendien Tunnistaminen: EMA auttaa tunnistamaan hintojen pitkän aikavälin trendit. Kun nopea EMA ylittää hitaan EMA:n ylöspäin, se voi viitata nousevaan trendiin. Päinvastainen risti voi tarkoittaa laskevaa trendiä.

2. Tukitasot ja Vastustasot: EMA:ta voidaan käyttää tunnistamaan tukitasot (missä hinta voi pysähtyä laskussa) ja vastustasot (missä hinta voi kääntyä laskuun). Hinta voi usein reagoida EMA:han tällaisissa tasoissa.

3. Osto- ja Myyntisignaalit: Kun nopea EMA ylittää hitaan EMA:n ylöspäin, se voi olla osto-signaali. Kun se leikkaa sen alhaalta ylöspäin, se voi olla myynti-signaali.

Vaikka EMA on hyödyllinen työkalu, on tärkeää muistaa, että se ei ole erehtymätön. Sijoittajat käyttävät sitä yhdessä muiden teknisten indikaattoreiden ja perusteellisen analyysin kanssa. EMA:n aikavälin valinta on myös tärkeää, ja se riippuu sijoittajan tavoitteista ja sijoitusstrategiasta. EMA auttaa tarjoamaan selkeämmän kuvan markkinoiden tilasta ja trendien suunnasta, ja se on keskeinen osa teknistä analyysia.

4.8.4 Liukuva keskimääräinen lähentymisen divergenssi (MACD)

MACD (Moving Average Convergence Divergence / Liukuva keskimääräinen lähentymisen divergenssi) on yksi laajasti käytetty tekninen analyysityökalu sijoitustoiminnassa ja osakekaupassa. Se koostuu kahdesta liukuvasta keskiarvosta (EMA), joita käytetään trendien muutosten ja osto- ja myyntisignaalien tunnistamiseen. Yleensä käytetään osakekurssin 12- ja 26-päivän liukuvia keskiarvoja.

MACD-analyysissä lasketaan lyhyemmän aikavälin EMA pidemmän aikavälin EMA:sta ja tämän jälkeen signaalilinja, joka on MACD-linjan liukuva keskiarvo. Histogrammi kuvaa eroa MACD- ja signaalilinjan välillä. Tämä auttaa sijoittajia tunnistamaan tilanteita, joissa lyhytaikainen trendi alkaa kääntyä pitkäaikaisen trendin vastaiseksi tai päinvastoin.

MACD-indikaattori ilmaisee myös histogrammina, kuinka lähellä MACD-linja ja signaalilinja ovat toisiaan. Signaalilinja on 9-päivän liukuva keskiarvo, joka lasketaan MACD-linjan päälle. Se toimii vahvistimena MACD-linjalle ja vähentää väärien signaalien määrää.

MACD koostuu graafisesti kahdesta eri linjasta: MACD-linjasta ja signaalilinjasta. Näiden tarkoituksena on luoda signaaleja kahdella eri tavalla. Ensimmäinen tapa on osoittaa trendin suunta, mihin MACD-linja on menossa. Kun MACD-linja laskee, kyseessä on laskeva trendi, kun taas kun se nousee, kyseessä on nouseva trendi. Indikaattori antaa myös osto- ja myyntisignaaleja, jotka edellyttävät MACD-linjan leikkaamista signaalilinjasta ylhäältä alas myyntisignaalin kohdalla ja alhaalta ylös ostosignaalin kohdalla.

On kuitenkin tärkeää muistaa, että MACD-indikaattorin käyttö edellyttää tarkkaa harkintaa, koska se ei ole täydellinen eikä sovellu kaikkiin markkinaolosuhteisiin. Sijoittajien on otettava huomioon myös muut indikaattorit ja markkinatrendit tehdäkseen päätöksiä sijoitustoiminnassaan.

4.8.5 Bollinger Bands

Bollinger Bands on tekninen analyysin työkalu, joka on suunniteltu mittaamaan osakkeiden tai omaisuuserien hinta-alueita sekä niiden volatiliteettia. John Bollinger kehitti tämän indikaattorin 1980-luvulla, ja se on osoittautunut arvokkaaksi työkaluksi sijoittajille ja kauppiaille, jotka pyrkivät ymmärtämään markkinoiden liikkeitä ja tunnistamaan mahdollisia kaupankäyntisignaaleja.

Bollinger Bands koostuu kolmesta pääosasta:

Liukuva keskiarvo (SMA): Tyypillisesti 20-päivän liukuva keskiarvo toimii Bollinger Bandsin keskimmäisenä osana. Se tarjoaa viitepisteen, joka kuvastaa tietyn ajanjakson keskihintaa.

Ylä- ja alarajoitukset (Bandit): Ylä- ja alarajoitukset luodaan lisäämällä ja vähentämällä liikkuvaa keskiarvoa tietyn kertoimen verran standardipoikkeamaa. Tämä kertoimen arvo määrittää, kuinka leveät Bollinger Bands ovat. Yleisimmin käytetty kertoimen arvo on 2.0.

Kun Bollinger Bands piirretään osakkeen hintakaavioon, ne luovat käytännöllisen kehyksen, joka kuvastaa hinta-alueita ja mahdollisia volatiliteettimahdollisuuksia. Tässä on joitakin tapoja, joilla Bollinger Bandsia voidaan käyttää sijoittajien hyödyksi:

Hinta-alueiden tunnistaminen: Bollinger Bandsin keskimmäinen viiva tarjoaa viitepisteen, joka kuvastaa hintakehityksen keskiarvoa. Ylä- ja alarajoitukset luovat hinta-alueen, joka auttaa sijoittajia ymmärtämään, ovatko hinnat korkealla vai matalalla suhteessa tavallisiin hintatasoihin.

Volatiliteetin mittaus: Kun Bollinger Bands laajenevat, se osoittaa kasvavaa volatiliteettia markkinoilla, kun taas niiden supistuminen merkitsee alenevaa volatiliteettia. Tämä voi auttaa sijoittajia valmistautumaan mahdollisiin hintaliikkeisiin.

Osto- ja myyntisignaalit: Bollinger Bands voivat tarjota osto- ja myyntisignaaleja. Kun hinta koskettaa tai lähestyy ylärajaa, se voi olla myyntimerkki, kun taas alaraja voi olla ostopaikka. Sijoittajat voivat myös etsiä hintojen poistumisia bändien sisältä, mikä voi osoittaa voimakasta hintaliikettä.

Bollinger Bands on monipuolinen työkalu, jota voidaan käyttää eri aikaväleillä ja eri omaisuusluokkien analysoinnissa. Se tarjoaa arvokasta tietoa hinta-alueista ja volatiliteetista, jotka ovat keskeisiä tekijöitä sijoituspäätöksissä. Kuten muidenkin teknisten indikaattorien kanssa, on tärkeää käyttää Bollinger Bandsia muiden analyysimenetelmien ja perusteellisen tutkimuksen tukena sijoituspäätöksissä.

4.8.6 Stokastinen oskillaattori

Stokastinen oskillaattori, tunnettu myös nimellä Stochastics tai Stochastics Oscillator, on erittäin käytetty työkalu teknisessä analyysissä. Stokastinen oskillaattori auttaa tunnistamaan markkinoiden ylikuumentumista tai ylipäätään ylikuormittumista ja tarjoaa vihjeitä potentiaalisista osto- ja myyntisignaaleista. Se koostuu kahdesta pääkomponentista: %K ja %D.

%K-linja kertoo meille, kuinka lähellä päivän hinta on ollut tarkasteltavana olevan ajanjakson aikana hintojen korkeinta ja matalinta pistettä. %K-linja liikkuu asteikolla 0-100 ja heijastaa osakkeen tai omaisuuden hintojen suhteellista voimakkuutta. Toisin sanoen se näyttää, kuinka voimakkaasti hinta nousee tai laskee.

%D-linja, joka tunnetaan myös nimellä "slow %D", on %K-linjan liukuva keskiarvo. Yleisesti ottaen se perustuu 3-päivän liukuvaan keskiarvoon %K-linjasta. %D-linja auttaa sileämmän trendin seuraamisessa ja antaa meille pitkän aikavälin perspektiiviä.

Stokastinen oskillaattori auttaa myös määrittelemään markkinoiden ylikuumentumisen ja ylipäätään ylikuormittumisen. Kun %K-linja on yli 80, se voi tarkoittaa, että markkina on kuumempi kuin normaalisti ja mahdollisesti valmis laskuun. Toisaalta, kun %K-linja on alle 20, se voi tarkoittaa, että markkina on ylireagoitu ja voi kääntyä nousuun.

Osto- ja myyntisignaalit perustuvat %K- ja %D-linjojen risteyksiin ja niiden sijaintiin asteikolla 0-100. Kun %K-linja leikkaa %D-linjan ylhäältä alaspäin, se voi antaa myyntisignaalin, mikä tarkoittaa, että markkina on ylikuumentunut ja saattaa laskea. Päinvastainen tapaus, kun %K-linja leikkaa %D-linjan alhaalta ylöspäin, voi antaa osto- tai pitkän position signaalin, mikä viittaa siihen, että markkina on ylireagoitu ja saattaa nousta.

Stokastinen oskillaattori on hyödyllinen työkalu, mutta sen tuloksia tulisi aina tulkita yhdessä muiden indikaattoreiden ja perusteellisen analyysin kanssa, ennen kuin tehdään sijoituspäätöksiä. Sillä seurataan hintakehitystä ja potentiaalisia käännekohtia markkinoilla.

4.9 Osakkeiden arvostus

Osakkeiden arvostus on yksi tärkeimmistä tekijöistä, jotka vaikuttavat sijoituspäätöksen tekemiseen. Osakkeen hinta määräytyy markkinoiden kysynnän ja tarjonnan perusteella, ja sen arvostus voi heijastaa yhtiön tulevaisuuden näkymiä, taloudellista suorituskykyä ja riskejä.

Osakkeiden arvostus voi myös heijastaa markkinoiden yleistä mielialaa ja taloudellista tilannetta. Esimerkiksi taantuman aikana osakkeiden hinnat voivat laskea, kun sijoittajat pelkäävät talouden hidastumista ja yritysten voittojen laskua. Toisaalta talouden kasvun aikana osakkeiden hinnat voivat nousta, kun sijoittajat uskovat yritysten voittojen kasvavan.

Sijoituspäätöksen tekeminen on monimutkainen prosessi, joka vaatii sijoittajalta huolellista harkintaa ja tiedonkeruuta. Osakkeiden arvostus on tärkeä tekijä päätöksen tekemisessä, mutta yksinään se ei kerro koko totuutta yhtiön kannattavuudesta ja tulevaisuuden näkymistä.

Sijoittajan tulisi ottaa huomioon myös yhtiön liiketoimintamallit, kilpailukyky, johto ja riskit ennen sijoituspäätöksen tekemistä. Nämä tekijät voivat vaikuttaa yhtiön tulevaisuuden näkymiin ja siten sen osakkeen arvoon.

Lisäksi sijoittajien tulisi ymmärtää, että mikään yksittäinen mittari ei anna riittävää tietoa yhtiön osakkeen arvostuksesta tai tulevaisuuden näkymistä. Kaikki mahdolliset tekijät, kuten yhtiön taloudellinen tilanne, kilpailuasema ja markkinatrendit, tulisi huomioida ennen sijoituspäätöksen tekemistä.

Osakkeiden arvostusmittarit ovat työkaluja, joita sijoittajat käyttävät arvioidakseen osakkeiden hintatasoa ja määrittääkseen, ovatko ne yli- tai aliarvostettuja. Nämä mittarit auttavat sijoittajia tekemään perusteltuja sijoituspäätöksiä ja tunnistamaan mahdollisia sijoitusmahdollisuuksia.

Kokonaisvaltainen analyysi auttaa sijoittajaa tekemään parempia päätöksiä ja vähentää riskejä sijoituksen epäonnistumisesta. Siksi sijoittajien tulisi käyttää kaikkia saatavilla olevia tietoja yhdessä, kun he tekevät sijoituspäätöksiä.
EPS -luku

Osakekohtainen tulos eli EPS (Earnings Per Share) on yksi mittareista, joita sijoittajat käyttävät arvioidessaan yhtiön taloudellista suorituskykyä ja sen osakkeen arvoa. EPS kertoo yhtiön voiton jaettuna osakkeiden lukumäärällä, joten se kuvaa sitä, kuinka paljon yhtiö tulos on osaketta kohden.

EPS:n käyttö sijoituspäätöksissä on tärkeää, sillä se auttaa sijoittajia vertailemaan eri yhtiöitä keskenään ja tekemään parempia päätöksiä. Yhtiön EPS:n kasvu voi olla merkki sen taloudellisesta vahvuudesta ja tulevaisuuden kasvupotentiaalista, joka voi houkutella sijoittajia ostamaan sen osakkeita.

Sijoittajat käyttävät EPS:tä myös osakkeen hinnoittelun arvioimiseen suhteessa sen tulevaisuuden näkymiin. Jos yhtiöllä on korkea EPS ja sen tulevaisuuden näkymät ovat myönteiset, sen osakkeen hinta voi olla korkea suhteessa muihin yhtiöihin. Toisaalta, jos yhtiön EPS on alhainen, mutta sen tulevaisuuden näkymät ovat positiivisia, sen osakkeen hinta voi olla aliarvostettu suhteessa muihin yhtiöihin.

On tärkeää huomata, että EPS on vain yksi mittari, jota sijoittajat käyttävät arvioidessaan yhtiöitä ja niiden osakkeiden arvoa. Sijoittajien tulisi käyttää useita mittareita yhdessä ennen kuin he tekevät päätöksiä sijoitusten suhteen.

4.9.1 P/E -luku

Todennäköisesti yleisin ja tunnetuin mittari jota käytetään arvioimaan osakkeen hinnoittelua ja yhtiön tulevaisuuden näkymiä, on P/E -luku (price-to-earnings ratio). P/E-luku kertoo osakkeen hinnan suhteessa yhtiön EPS:iin (earning per share), ja sen avulla sijoittajat voivat saada paremman käsityksen yhtiön osakkeen hintatasosta. Yksinkertaistettuna luku kertoo, monenko vuoden tuotot tarvitaan, että osakkeen tuotot kattavat osakkeen hinnan. Näin yksinkertainen asia ei ole koska tuotot ja hinta vaihtelevat.

Korkea P/E -luku voi osoittaa, että osakkeen hinta on korkea suhteessa yhtiön tulevaisuuden näkymiin. Tämä voi johtua esimerkiksi siitä, että sijoittajat odottavat yhtiön tulevaisuudessa tekevän korkeampaa voittoa, tai että yhtiön toimiala on erittäin kannattava ja kasvava.

Toisaalta alhainen P/E -luku voi osoittaa, että osakkeen hinta on aliarvostettu suhteessa yhtiön tulevaisuuden näkymiin. Tämä voi johtua esimerkiksi siitä, että yhtiön tulos on ollut heikko, tai että yhtiön toimiala on epävarma ja haasteellinen.

4.9.2 P/S-luku

P/S-luku, tai Price-to-Sales Ratio, on tärkeä taloudellinen mittari, jota käytetään arvioimaan yrityksen arvostusta suhteessa sen liikevaihtoon. Tämä mittari on erityisen hyödyllinen sijoittajille, jotka haluavat saada käsityksen siitä, kuinka markkinoilla hinnoitellaan yrityksiä niiden myynnin perusteella.

P/S-luku lasketaan yksinkertaisesti jakamalla yrityksen osakkeen hinta sen liikevaihdolla per osake. Laskukaava on seuraava:

P/S-luku = Osakkeen hinta / Liikevaihto per osake

P/S-luvun ymmärtäminen ja käyttäminen:

1. Arvostusvertailu: P/S-lukua voidaan käyttää yritysten vertailuun samalta toimialalta. Se auttaa sijoittajia arvioimaan, ovatko osakkeet suhteellisesti kalliimpia tai halvempia verrattuna kilpailijoihin. Alhainen P/S-luku voi viitata siihen, että osake on aliarvostettu, kun taas korkea P/S-luku voi tarkoittaa yliarvostusta.

2. Yrityksen kasvun arviointi: P/S-luku voi auttaa arvioimaan yrityksen kasvupotentiaalia. Yleensä yritykset, jotka ovat nopeassa kasvussa, voivat perustella korkeamman P/S-luvun,

koska sijoittajat ovat valmiita maksamaan enemmän liikevaihdosta tulevasta kasvusta.

3. Riskien huomioiminen: P/S-luku voi auttaa sijoittajia tunnistamaan riskialttiita tilanteita. Yritykset, joiden P/S-luku on erittäin korkea, saattavat kohdata enemmän painetta suoriutua, ja pieni myynnin notkahdus voi vaikuttaa osakkeen hintaan merkittävästi.

4. Huomioi toimialaerot: P/S-luvun käyttöön liittyy se, että eri toimialojen yritykset voivat hinnoitella eri tavoin. Jotkut toimialat, kuten teknologia, saattavat perustella korkeammat P/S-luvut, kun taas vakiintuneemmat toimialat saattavat olla maltillisempia.

On kuitenkin tärkeää huomata, että P/S-luku on vain yksi osa arvostuksen kokonaiskuvasta. Sitä tulisi käyttää yhdessä muiden arvostusmittareiden ja perusteellisen analyysin kanssa. Tärkeää on myös ymmärtää yrityksen taloudellinen tila ja tulevaisuuden näkymät, jotta voidaan tehdä informoituja sijoituspäätöksiä. P/S-luku voi tarjota hyödyllistä tietoa, mutta se ei kerro koko tarinaa yrityksen arvostuksesta.

4.9.3 P/B -luku

P/B -luku on tärkeä mittari, jota sijoittajat käyttävät yhtiön varallisuuden arvioimiseen. P/B -luku kertoo, kuinka paljon sijoittajat ovat valmiita maksamaan yhtiön taseesta per osake. Tämä mittari lasketaan jakamalla yhtiön osakekurssi sen tasearvolla per osake.

P/B -luku kertoo yhtiö substanssiarvon, teoreettisen realisointiarvon eli paljonko osaketta kohden suhteellisesti tulisi jos yhtiö pistettäisiin "lihoiksi" eli maksettaisiin kaikki velat pois, myytäisiin omaisuus tasearvoilla ja jaettaisiin varat omistajille.

Kun sijoittaja vertailee P/B -lukuja eri yhtiöiden välillä, hän voi saada käsityksen siitä, mikä yhtiö on potentiaalisesti aliarvostettu ja mikä yhtiö yliarvostettu. Täytyy kuitenkin muistaa että suhdeluvun suuruuteen vaikuttaa myös toimiala ja liiketoiminnan laatu, joten vertailuissa tämä on syytä huomioida eli saman toimialan yhtiöiden P/B luvut ovat paremmin vertailukelpoisia kuin eri toimialojen. Yleisesti ottaen, mitä alhaisempi P/B -luku on, sitä aliarvostetumpi yhtiö on.

Toisaalta korkea P/B -luku voi viitata siihen, että yhtiö on yliarvostettu, koska sijoittajat ovat valmiita maksamaan enemmän yhtiön varallisuudesta. Tällöin yhtiön tulevien voittojen pitäisi olla korkeammat, jotta sijoitus olisi kannattava.

On kuitenkin tärkeää huomioida, että P/B -luku ei yksinään kerro koko tarinaa. Sijoittajan on tärkeä tarkastella myös muita taloudellisia mittareita ja yhtiön tilannetta ennen päätöksen tekemistä. P/B -luku voi antaa sijoittajalle vihjeen siitä, mikä yhtiö on potentiaalisesti aliarvostettu, mutta sijoittajan on edelleen tutkittava yhtiön liiketoimintaa ja taloudellista tilannetta ennen päätöksen tekemistä.

4.9.6 ROE -luku

ROE (Return on Equity), eli oman pääoman tuotto, on yksi
tärkeimmistä taloudellisista mittareista, jonka avulla voidaan
arvioida yhtiön kannattavuutta. ROE mittaa yhtiön kykyä tuottaa
voittoa omalle pääomalleen. Mittari ilmaisee prosentteina sen
voiton määrän, jonka yhtiö on kyennyt tuottamaan suhteessa
omistajiensa sijoittamaan pääomaan.

ROE on tärkeä mittari sijoittajille, koska se antaa käsityksen
siitä, kuinka hyvin yhtiö on onnistunut käyttämään omia
varojaan voiton tuottamiseen. Hyvä ROE -luku osoittaa, että
yhtiö on tehokkaasti käyttänyt omia varojaan ja tuottanut
omistajilleen hyvää tuottoa.

ROE -luku voidaan laskea kaavalla: nettotulos / oma pääoma x
100%. Jos yhtiön ROE -luku on 15%, se tarkoittaa sitä, että
yhtiö on tuottanut 15%:n tuoton omistajien sijoittamalle
pääomalle. Korkea ROE -luku on usein merkki yhtiön
tehokkuudesta ja kilpailukyvystä.

ROE:n avulla voidaan myös vertailla eri yhtiöiden
kannattavuutta keskenään. Kannattavuus on tärkeä tekijä
sijoittajan päätöksenteossa, sillä sijoittaja haluaa sijoittaa
yhtiöihin, jotka pystyvät tuottamaan hyvää tuottoa omalle
sijoitetulle pääomalle.

On kuitenkin hyväärkeää muistaa, että ROE -luku ei kerro koko totuutta yhtiön kannattavuudesta. On myös muita tekijöitä, jotka voivat vaikuttaa yhtiön kannattavuuteen, kuten velkaantumisaste ja toimialan kilpailutilanne. Siksi sijoittajan tulisi käyttää ROE - lukua yhdessä muiden taloudellisten mittareiden kanssa, jotta saa kokonaiskuvan yhtiön kannattavuudesta ja sijoituskohteen potentiaalista.

4.10 Osakekaupankäynti

Osakekaupankäynti on jännittävä tapa sijoittaa rahaa ja mahdollistaa monille ihmisille oman omaisuuden kasvattamisen. Kaupankäynti osakkeilla voi kuitenkin olla monimutkaista ja vaatii tietyn tason ymmärrystä sijoitusmaailmasta.

Osakekaupankäynti voi kuitenkin tarjota myös mahdollisuuden ansaita huomattavia tuottoja pitkällä aikavälillä. Menestyksekkään sijoittamisen perusedellytykset ovat huolellinen tutkimustyö, suunnitelmallinen lähestymistapa, kärsivällisyys ja jatkuva oppiminen.

On tärkeää tutustua kaikkiin kustannuksiin ja riskeihin ennen osakekaupankäynnin aloittamista. On myös suositeltavaa harkita eri välittäjien tarjoamia palveluita, ja vertailla niiden välityspalkkioita ja muita kuluja. Monet välittäjät tarjoavat myös muita palveluita, kuten markkinatietoja ja analyysejä, jotka voivat auttaa sinua tekemään parempia sijoituspäätöksiä.

Kustannusten lisäksi on syytä ymmärtää myös, että osakekaupankäyntiin liittyy aina riskejä. Osakkeiden hinnat voivat vaihdella voimakkaasti lyhyellä aikavälillä, ja sijoittajan on oltava valmis ottamaan vastaan mahdolliset tappiot. Onkin tärkeää tehdä huolellista tutkimusta ja suunnitella sijoitukset huolella ennen kaupankäynnin aloittamista.

Osakekaupankäynnissä on käytettävissä useita eri toimeksiantotyyppejä. Voit antaa välittäjälle erilaisia toimeksiantoja, kuten rajahintaisia tai markkinahintaisia toimeksiantoja. Rajahintainen toimeksianto tarkoittaa, että haluat ostaa tai myydä tietyn osakkeen tiettyyn hintaan, kun taas markkinahintainen toimeksianto tarkoittaa, että haluat ostaa tai myydä osakkeen markkinahintaan. On tärkeää ymmärtää eri toimeksiantotyypit ja niiden vaikutukset kaupankäyntiin.

Kaupankäyntiaikataulu on myös tärkeä osa osakekaupankäyntiä. Osakemarkkinat ovat avoinna tiettyinä aikoina, ja joillakin markkinoilla on erilaiset aikataulut. On tärkeää ymmärtää markkinoiden aukioloajat ja muut aikatauluun liittyvät seikat, jotta voit suunnitella sijoitustoimintasi oikein.

Lopuksi, vaikka osakekaupankäynti voi tuntua aluksi monimutkaiselta ja pelottavalta, se voi tarjota monia mahdollisuuksia sijoitusten kasvattamiseen. On kuitenkin tärkeää muistaa, että kaikki sijoitukset sisältävät riskejä, ja että menestyksekäs sijoittaminen vaatii aikaa, kärsivällisyyttä ja jatkuvaa oppimista.

4.10.1 Kaupankäyntikulut

Ennen kuin aloitat osakekaupankäynnin, on tärkeää perehtyä huolellisesti kaikkiin mahdollisiin kuluihin ja riskeihin. Näin voit varmistaa, että sijoituksesi on tuottoisa ja riskit ovat hallinnassa. Kulujen ymmärtäminen on tärkeää, sillä korkeat kaupankäyntikulut voivat vaikuttaa huomattavasti sijoituksen tuottoon. Siksi kannattaa vertailla eri välittäjien tarjoamia kuluja ennen sijoituksen tekemistä ja valita välittäjä, joka tarjoaa kohtuullisia kustannuksia ja sopivia palveluja tarpeisiisi.

Yksi tärkeimmistä asioista, joita on hyvä ymmärtää ennen osakekaupankäynnin aloittamista, ovat kaupankäyntikulut. Toimeksiantopalkkio tai yleisemmin välityspalkkio on yksi näistä kuluista, ja se on maksu, jonka maksat välittäjälle kaupankäynnin mahdollistamisesta. Palkkio voi olla kiinteä summa tai prosenttiosuus kaupan arvosta se voi vaihdella myös eri markkinapaikkojen välillä. Esimerkiksi Yhdysvaltojen pörssien ja Kanadan pörssien osakkeilla kaupankäyntikulut voivat olla isompia, kuin kotimaisen tai pohjoismaisten pörssien osakkeiden kaupankäyntikulut. Lisäksi osakekaupankäyntiin voi liittyä myös muita kustannuksia välityspalkkion lisäksi. Esimerkiksi jotkut välittäjät voivat veloittaa kuluja talletusten ja nostojen yhteydessä tai tarjota joitain palveluita erillisinä maksullisina lisäpalveluina, kuten markkinatietojen ja analyysien käyttöoikeuksia.

On muitakin kuluja, jotka voivat vaikuttaa osakekaupankäynnin kokonaiskustannuksiin. Esimerkiksi jotkut välittäjät perivät tilinhoitomaksun, joka on kuukausittainen maksu tilin ylläpidosta. Välittäjillä voi olla muita maksuja, kuten maksuja tiettyjen sijoitusinstrumenttien käytöstä tai palkkioita erikoisempia kauppoja varten.

Lisäksi osakekaupankäyntiin voi liittyä arvopaperien säilytyskustannukset. Kun ostat osakkeita, ne on jollain tavalla säilytettävä. Useimmat välittäjät tarjoavat tätä varten arvo-osuustilin, joka on tili, jolle omistamasi osakkeet kirjataan. Säilytyskustannukset voivat vaihdella välittäjien välillä ja ne voivat perustua esimerkiksi tilin saldon kokoon tai osakkeiden lukumäärään. Säilytyskustannukset voivat olla joko kiinteä tai muuttuva kulu, ja niiden määrä vaihtelee välittäjästä riippuen. Kaikki välittäjät eivät peri erillisiä säilytyskustannuksia.

On syytä olla tietoinen kaikista kuluista, joita osakekaupankäyntiin voi liittyä, sillä nämä kulut voivat vaikuttaa huomattavasti sijoituksen tuottoon. Siksi on tärkeää vertailla eri välittäjien tarjoamia kuluja ja palveluita ennen päätöksen tekemistä. Vertailu auttaa löytämään välittäjän, joka tarjoaa sopivat kustannukset ja palvelut omiin tarpeisiisi nähden.

Kaiken kaikkiaan sijoittajan tulee ymmärtää kaikki osakekaupankäynnin kustannukset ennen kaupankäynnin aloittamista, jotta voit hallita riskit ja optimoida sijoituksen tuoton.

4.10.2 Toimeksiantotyypit

Osakekaupassa käytettävien toimeksiantotyyppien ymmärtäminen on tärkeää. Osakekaupassa käytetään erilaisia toimeksiantotyyppejä, jotka määrittelevät, millä hinnalla ja milloin kauppa toteutuu. Yleisimpiä toimeksiantotyyppejä ovat normaaliostotoimeksianto ja ostotoimeksianto rajahinnalla.

Normaaliostotoimeksiannossa osakkeet ostetaan tai myydään markkinahinnalla. Tämä tarkoittaa, että toimeksianto toteutetaan sillä hetkellä, kun markkinahinta vastaa toimeksiantohintaa. Normaaliostotoimeksiannon tapauksessa kauppa toteutuu välittömästi markkinahinnalla, eli sijoittaja hyväksyy sen hetkisen tarjoushinnan. Tämä toimeksiantotyyppi sopii hyvin tilanteisiin, joissa sijoittaja haluaa ostaa tai myydä osakkeita nopeasti ja tehokkaasti ilman suurempaa hinnan tarkkailua.

Ostotoimeksianto rajahinnalla sopii tilanteisiin, joissa sijoittaja haluaa määritellä tarkasti, millä hinnalla haluaa ostaa tai myydä osakkeita. Tällöin sijoittaja asettaa tietyn hinnan, johon hän on valmis tekemään kaupan. Kauppa toteutuu ainoastaan, jos osakkeiden hinta saavuttaa tai alittaa asetetun raja-arvon. Tämä toimeksiantotyyppi mahdollistaa sijoittajalle tietynasteisen kontrollin kaupan hintaan ja sopii erityisesti tilanteisiin, joissa halutaan minimoida hintariski.

All-or-None -toimeksiannossa on kaupan edellytyksenä, että kaikki ostettavat tai myytävät osakkeet on ostettava tai myytävä kokonaan, muuten kauppaa ei toteuteta.

Aikaperusteinen toimeksianto on voimassa vain tietyn ajanjakson, jonka jälkeen se raukeaa automaattisesti, ellei kauppaa ole toteutettu.

Osittaisen täytön toimeksiannossa sijoittaja asettaa toimeksiannon, jonka tarkoituksena on ostaa tai myydä tietty määrä osakkeita, mutta toimeksianto saa toteutua vain osittain. Tämä tarkoittaa, että jos toimeksianto on ostotoimeksianto, sijoittaja voi ostaa vain osan halutusta osakemäärästä ja jos toimeksianto on myyntitoimeksianto, sijoittaja voi myydä vain osan halutusta osakemäärästä.

Stop loss -toimeksiannossa sijoittaja määrittää tietyn hintatason, jonka alapuolella olevilla hinnoilla myyntitoimeksianto toteutuu automaattisesti. Tämä auttaa sijoittajaa suojaamaan sijoitustaan, jos osakkeen hinta laskee odottamattomasti.

Stop limit -toimeksianto yhdistää stop loss -toimeksiannon ja rajahintaisen toimeksiannon ominaisuudet. Sijoittaja määrittää tietyn hintatason, jonka alapuolella myyntitoimeksianto toteutuu automaattisesti. Toteutuksen yhteydessä rajahinta määrittää sen, mihin hintaan myyntitoimeksianto toteutuu.

On kuitenkin tärkeää huomata, että toimeksiantotyyppien käyttöön liittyy riskejä ja mahdollisuuksia. Esimerkiksi normaaliostotoimeksianto voi johtaa korkeampiin kauppahintoihin, jos markkinahinnat ovat korkeammat kuin sijoittajan haluama hinta. Vastaavasti ostotoimeksianto rajahinnalla saattaa jäädä toteutumatta, jos hinta ei saavuta asetettua rajaa.

Lopulta toimeksiantotyypin valinta riippuu sijoittajan tavoitteista ja strategiasta. On tärkeää ymmärtää, miten erilaiset toimeksiantotyypit vaikuttavat kaupan hintaan ja toteutumiseen. Tämä auttaa sijoittajaa tekemään parempia päätöksiä ja saavuttamaan sijoitustavoitteitaan tehokkaasti.

4.11 Lainoitus

Luoton vakuutena voi toimia arvo-osuustilillä olevat osakkeet, rahastot ja muita arvopaperit. Normaalissa tapauksessa pankki haluaa että vakuudeksi pantataan jotain kiinteää omaisuutta tai esim. osakkeita. Vakuutena olevilla pantatuilla osakkeilla ei tällöin normaalisti voi käydä kauppaa. Tämä on hyvin vanhakantainen ja joustamaton tapa, mikä ainoastaan minimoi pankin riskit ja monesti myös lainoitusasteet, eli paljonko pantatun omaisuuden vakuusarvot ovat, ovat erittäin pieniä ja eivät ota mitenkään huomioon salkun osakkeiden laatua tai hajautusta.

Onneksi kuitenkin on olemassa välittäjiä, joilta on mahdollista saada luottolimiitti käyttöön siten että osakesalkun osakesalkussa olevat arvopaperit toimivat vakuutena mutta salkun osakkeilla ja muilla sijoitusinstrumenteilla on mahdollista käydä normaalisti kauppaa. Muita isompia rajoitteita ei ole kuin se että salkussa on oltava jatkuvasti riittävä vakuusarvo olemassa. Parhaimmillaan arvopapereille on määritelty erilliset arvopaperi kohtaiset lainoitusasteet. Riittävällä hajautuksella on myös mahdollista saada isommat lainoitusasteet käyttöön arvopapereille. Riittävällä hajautuksella ja kohtuullisella salkun lainoitusosuudella on mahdollista saada hyvinkin edullista lainaa. Kannattaa huomioida myös että sijoituslaina on vähennyskelpoista ja siinä on yleensä merkittävästi pienempi korko kuin kulutusluotoissa.

Luotto voi toimia myös joustavasti limiittiluottona, jossa tietty maksimi luottolimiitti on käytettävissä sillä oletuksella että riittävät vakuudet sijoitussalkussa on käytettävissä. Käytössä olevan lainoituksen määrää voi säätää itse jatkuvasti ilman erillisiä kustannuksia tai keskusteluja lainoittajan kanssa. Tällöin voit helpommin hyödyntää avautuvia sijoitusmahdollisuuksia heti ilman että sinun täytyy esim. siirtää muualta rahaa sijoitussalkkuun.

Luottolimiitti antaa myös joustoa normaaliin elämiseen. Sinun ei tarvitse pitää turhaan rahaa matalakorkoisella pankkitilillä tai et joudu realisoimaan sijoituksia. Tällöin pystyt tekemään normaalit ja myös vähän isommat arjen hankinnat, lainaamalla omaa rahaasi takaisin käyttöösi. Käytännössä vain nostat rahaa arvo-osuustililtä ja samalla käytetyn sijoituslainan määrä kasvaa ja vastaavasti kun talletat rahaa arvo-osuustilille, lainan määrä pienenee automaattisesti.

Normaalitilanteessa olisi voinut joutua myymään sijoituksia vääränä ajankohtana, myytyjen osakkeiden mahdollisista voitoista olisi pitänyt maksaa verot tai sitten olisi joutunut hankkimaan kallista kulutusluottoa pankista. Kaiken lisäksi tähän muuhun säätämiseen olisi mennyt turhaan kallisarvoista aikaa ja rahaa monessa muodossa.

4.12 Sijoitusten hajauttaminen

Sijoitusten hajauttaminen on yksi tärkeimmistä sijoittamisen perusperiaatteista. Se tarkoittaa sijoitusten jakamista useaan eri kohteeseen tai erään niin, että yksittäisen sijoituksen riski pienenee ja sijoituksen tuotto-odotus kasvaa pitkällä aikavälillä. Hajauttaminen auttaa suojaamaan sijoitussalkkua markkinoiden heilahteluilta ja yksittäisten yhtiöiden riskiltä. Sijoitusten hajauttamisessa on tärkeää huomioida muun muassa ajallinen ja maantieteellinen sekä toimialakohtainen hajauttaminen.

Ajallinen hajauttaminen tarjoaa mahdollisuuden hyötyä moninaisista markkinatilanteista. Käytännössä se tarkoittaa sitä, että sijoittaja ei panosta kaikkeen yhteen aikaan, vaan hajauttaa sijoituksiaan pitkin vuotta tai eri vuosille. Tällöin sijoitukset eivät ole riippuvaisia yhden ajanjakson kehityksestä. Esimerkiksi voit ostaa osakkeita laskumarkkinoilla ja hyötyä nousumarkkinasta, kun markkinat kääntyvät. Ajallinen hajauttaminen auttaa vähentämään sijoitusportfolion altistumista yksittäisen ajanjakson markkinariskeille. Markkinat voivat vaihdella merkittävästi vuodesta toiseen tai eri vuodenaikoina. Koska markkinoiden kehittymistä on erittäin vaikeaa ennakoida, voit jatkamalla sijoittamista säännöllisesti eri yli eri aikojen tasoittaa sijoituksesi riskitasoa ja suojautua yksittäisen ajanjakson mahdollisilta tappioilta.

Maantieteellinen hajauttaminen puolestaan tarkoittaa sijoitusten hajauttamista eri maihin tai maantieteellisiin alueisiin. Tämä vähentää sijoitusten riskiä, sillä eri maiden taloudet eivät kehity samalla tavalla. Esimerkiksi sijoittamalla osakkeisiin eri maantieteellisillä alueilla, kuten Euroopassa, Aasiassa ja Pohjois -Amerikassa, voi saavuttaa paremman hajautuksen ja riskienhallinnan.

Hajauttaminen eri toimialoille auttaa monipuolistamaan sijoitussalkkua. Se auttaa vähentämään altistumista toimialojen riskeille, ja samalla tarjoaa mahdollisuuden hyödyntää eri toimialojen kasvupotentiaalia. Eri toimialojen syklien eriaikaisuudet ovat tärkeä näkökohta sijoittamisessa, ja ne voivat tarjota sijoittajille mahdollisuuden hyötyä markkinaolosuhteiden vaihteluista. Tämä korostaa myös hajauttamisen tärkeyttä sijoitussalkussa.

Defensiiviset Toimialat: Joillakin toimialoilla, kuten terveydenhuolto, elintarvikkeet ja julkinen palvelu, on taipumus olla vakaampia ja vähemmän riippuvaisia talouden sykleistä. Nämä ovat niin sanottuja defensiivisiä toimialoja. Sijoittajat voivat harkita sijoituksia näihin toimialoihin, kun talous on laskusuhdanteessa tai epävarmuus lisääntyy.

Sykliset Toimialat: Toiset toimialat, kuten rakentaminen, teknologia ja kulutustavarat, ovat herkempiä talouden sykleille. Ne voivat kukoistaa noususuhdanteessa, mutta kärsiä enemmän laskusuhdanteessa. Sijoittajat voivat hyödyntää noususuhdanteen aikana ja harkita näiden toimialojen välttämistä laskusuhdanteessa.

Hajauttaminen eri toimialoille auttaa sijoittajaa hallitsemaan riskejä ja hyödyntämään eriaikaisia toimialojen syklejä. Kun osakesalkussa on sijoituksia sekä defensiivisiin että syklisiin toimialoihin, salkku voi suoriutua paremmin erilaisissa markkinaolosuhteissa. Taitava sijoittaja voi yrittää ajoittaa sijoituksensa toimialojen syklisiin muutoksiin. Tämä voi tarkoittaa siirtymistä syklisistä toimialoista defensiivisempiin, kun markkinat näyttävät heikentyvän, ja päinvastoin.

Sijoituksia voi hajauttaa myös eri omaisuusluokkiin, kuten osakkeisiin, joukkolainoihin, kiinteistöihin ja hyödykkeisiin. Tämä vähentää riskiä, sillä eri omaisuusluokat reagoivat eri tavalla eri markkinaolosuhteisiin. Esimerkiksi taloudellisen taantuman aikana osakkeiden arvot voivat laskea, kun taas kulta ja muut hyödykkeet voivat säilyttää arvonsa paremmin.

Myös yksittäisen omaisuusluokan sisällä tulisi hajauttaa sijoitukset useaan eri kohteeseen. Näin saadaan aikaan laaja hajautus, joka pienentää sijoitussalkun riskiä.

Kaikkia näitä erilaisia hajauttamisen muotoja voi yhdistellä, jotta sijoitukset ovat mahdollisimman hyvin hajautettuja ja siten riski on mahdollisimman pieni. On kuitenkin tärkeää muistaa, että hajauttaminen ei takaa sijoituksen tuottoa eikä suojaa tappioilta, vaan se on yksi tapa hallita sijoituksen riskiä.

Hajauttamisessa on myös tärkeää huomioida omat sijoitustavoitteet ja riskinsietokyky. Sijoitusten hajauttamisessa ei tule ylihajauttaa, sillä liian suuri hajautus voi johtaa salkun hajanaisuuteen ja tuoton heikkenemiseen. Tärkeää on löytää sopiva tasapaino hajautuksen ja riskin välillä.

Sijoitusten hajauttaminen on mahdollista toteuttaa myös esimerkiksi sijoitusrahastojen tai ETF:ien eli pörssinoteerattujen rahastojen avulla. Näiden kautta sijoittaja voi hajauttaa sijoituksensa automaattisesti useisiin eri kohteisiin yhden tuotteen kautta. Hajauttamisessa voi myös hyödyntää erilaisia sijoitusstrategioita, kuten arvo-, kasvu- tai osinkosijoittamista, ja hajauttaa sijoituksia eri strategioiden välillä. Rahastojen kautta sijoittamisessa annat kuitenkin ohjat muiden käsiin ja samalla menetät osan tuotoista rahastojen kuluihin. Tietyillä toimijoilla voi kuitenkin olla kuluttomia indeksiosuusrahastoja näissä on saavutettavissa hajautus ilman kuluja.

Myös osinkosijoittamisessa hajauttaminen on tärkeää, sillä yksittäisen yhtiön osingonmaksukyky voi vaihdella vuosittain. Sijoituksia kannattaa hajauttaa useiden eri yhtiöiden välillä, jolloin osingonmaksukykyjen vaihtelu vaikuttaa vähemmän sijoitussalkun tuottoon.

Hajauttamista voi myös hyödyntää erilaisissa sijoitusstrategioissa. Esimerkiksi arvosijoittamisessa pyritään löytämään alihinnoiteltuja yhtiöitä, kun taas kasvusijoittamisessa pyritään löytämään yhtiöitä, joiden liiketoiminta kasvaa nopeasti. Näitä strategioita voi hyödyntää hajauttamalla sijoituksia eri strategioiden välillä.

4.13 Verotus

Verotus on tärkeä osa osakesijoittamista myös Suomessa, ja sijoittajan on hyvä ymmärtää verotusasiat ja niiden vaikutus sijoituksiin. Suomessa osinkotulot ja pääomatulot verotetaan eri tavoin. Suomessa käytössä olevalla osakesäästötilillä ja sijoitusvakuutuksella on myös erityinen verokohtelu, kuten luvun IV kappaleessa osakesäästötili, arvo-osuustili, ja sijoitusvakuutus asia on esitetty.

4.13.1 Pörssiyhtiön maksama osinko

Kun tavallinen osakesäästäjä saa osinkoa pörssiyhtiöltä, osa siitä on verovapaata tuloa.

Luonnollisen henkilön ja kuolinpesän saamasta osingosta 85 prosenttia on veronalaista pääomatuloa ja 15 prosenttia verovapaata tuloa.

Osingon pääomatulo-osuudesta maksetaan veroa 30 prosenttia. Kuitenkin, jos osingonsaajan muiden verotettavien pääomatulojen ja saamien osinkojen yhteismäärä verovuonna ylittää 30 000 euroa, pääomatulon verokanta nousee 34 prosenttiin.

Osingosta pidätetään veroa ennakonpidätyksenä 25,5 % osingon kokonaismäärästä, ja se tilitetään verottajalle. Lopullinen vero määräytyy osingonsaajan muiden pääomatulojen määrän perusteella, joten veroprosentti voi olla joko 25,5 % tai 28,9 %.

Jos sijoituskohteena oleva ulkomainen yhtiö jakaa osinkoa, ulkomailta peritään yleensä lähdevero. Tämä vero hyvitetään kuitenkin Suomen verosta. Mikäli yhtiö sijaitsee EU-maassa tai maassa, jonka kanssa Suomella on osinkojen verotukseen liittyvä verosopimus, verotus määräytyy samoin kuin suomalaisen osingon kohdalla. On tärkeää huomioida, että eri maiden verolainsäädännöt voivat poiketa toisistaan ja että verotukseen liittyvät asiat kannattaa selvittää etukäteen, jotta yllätyksiltä vältytään.

4.13.2 Listaamattomien osakkeiden osinkoverotus

Listaamattomasta yhtiöstä saadusta osingosta peritään ennakonpidätys, jonka suuruus riippuu osingon määrästä. Jos osingon määrä on enintään 150 000 euroa, ennakonpidätys on 7,5 %. Yli 150 000 euron osingosta peritään 28 %:n ennakonpidätys.

Osakkeen matemaattinen arvo vaikuttaa myös osingon verotukseen. Osingon määrä jakautuu veronalaiseen pääomatuloon ja/tai veronalaiseen ansiotuloon sekä verottomaan tuloon, ja näiden osuuksien suuruus määräytyy osakkeen matemaattisen arvon perusteella. Verohallinto laskee osakkeen matemaattisen arvon yhtiön taseen perusteella.

Jos saamasi osingon määrä on enintään 8 % osakkeiden matemaattisesta arvosta, puhutaan pääomatulo-osingosta. Pääomatulo-osinkoa verotetaan eri tavalla kuin muuta osinkoa. Kun pääomatulo-osinko on enintään 150 000 euroa, 25 % on veronalaista pääomatuloa ja 75 % on verotonta tuloa. Osingon 150 000 euroa ylittävästä osasta 85 % on veronalaista pääomatuloa ja 15 % on verotonta tuloa. On huomattava, että tämä 150 000 euron raja koskee osakkeita eikä yhtiöitä. Saman vuoden aikana saadut listaamattomien yhtiöiden osingot lasketaan yhteen, ja vero määräytyy tuon yhteissumman perusteella.

4.13.3 Pääomatuloverotus

Sijoituskohteista saadut pääomatulot eli esim. pörssiosakkeiden myyntivoitot ovat yksi verotettava tulojen lähde Suomessa. Verotus riippuu pääomatulojen määrästä.

Jos pääomatulot ovat yhteensä alle 30 000 euroa, silloin sovelletaan 30 prosentin pääomatulorajaa. Osingon 85 prosenttia on tällöin veronalaista tuloa ja 15 prosenttia verovapaata. Piensijoittajien kokonaisprosentiksi muodostuu tällöin 25,5 prosenttia.

Jos pääomatuloja sen sijaan on yli 30 000 euroa, vero on yli 30 000 euroa menevältä osalta 34 prosenttia. Osingon veronalaisen ja verovapaan osion huomioimisen jälkeen kokonaisprosentiksi muodostuu 28,9.

Sijoittaja voi hyödyntää sijoituslainojen korkovähennyksiä, mikäli hän käyttää lainaa sijoitustoiminnan rahoittamiseen. Tällä tavoin sijoittaja voi vähentää verotettavaa tuloa ja parantaa sijoitustensa tuottoa. On kuitenkin tärkeää huomata, että sijoituslainan käyttämisessä eli velkavivulla sijoittamisessa on myös riskinsä. Vaikka velkarahalla sijoittaminen voi parantaa sijoitusten tuottoa, on hyvä muistaa, että vakuusarvojen riittämiseen ja pääomien menettämiseen liittyvät riskit ovat olemassa.

Velkavipu toimii tehokkaana vahvistimena molempiin suuntiin, mikä tarkoittaa, että sijoittajan oman pääoman muutokset sijoitussalkussa voivat olla suurempia sekä positiivisessa että negatiivisessa suunnassa. Kuitenkin, jos sijoittaja käyttää liian suurta velkavipua ja markkinat tai sijoitussalkun osakkeet menettävät merkittävästi arvoaan, sijoittaja voi joutua myymään osakkeitaan pakon edessä ja siten menettää merkittävän osan sijoitusvarallisuudestaan.

On tärkeää muistaa, että velan ottaminen sijoittamiseen tulee tehdä vastuullisesti ja harkiten. Velan maksaminen voi olla haastavaa ja velkaan liittyy aina riski. On erityisen tärkeää varmistaa, että sijoitussalkku on hajautettu ja että vakuusarvot ovat riittävät.

Sanonta "velka on veli otettaessa ja veljenpoika maksettaessa" muistuttaa meitä siitä, että velkavivulla sijoittamisessa on aina riskejä, jotka voivat paljastua vasta myöhemmin. Siksi on tärkeää harkita tarkkaan velkavivun käyttöä ja olla tietoinen sen kaikista riskeistä.

Vaikka velkavivulla sijoittaminen voi parantaa sijoitusten tuottoa, se sisältää myös riskejä, jotka on huomioitava. On suositeltavaa harkita tarkkaan velkavivun käyttöä ja varmistaa, että sijoitussalkku on hajautettu ja vakuusarvot ovat riittävät. Lisäksi on tärkeää varmistaa, että lainan korkokulut ovat sellaiset, että sijoitusten tuotot kattavat ne ja että sijoitus on vielä kaikkien lainaan liittyvien kulujen jälkeenkin voitollista toimintaa.

Sijoittaja voi vähentää tuloistaan osan kaupankäynti- ja säilytyskuluja, mikä vähentää verotettavaa tuloa. Esimerkiksi välityspalkkiot ja säilytysmaksut ovat vähennyskelpoisia. Sijoittaja voi myös vähentää esimerkiksi tietokone- ja tietoliikennekulujaan, jos ne liittyvät suoraan sijoittamiseen. Lisäksi sijoittaja voi vähentää koulutuskustannuksiaan, kuten sijoitusalan kirjallisuutta, lehtiä tai kursseja, jotka auttavat häntä tekemään parempia sijoituspäätöksiä.

Myös esimerkiksi analyysipalveluiden tai muiden sijoitusneuvontapalveluiden käyttökustannukset voivat olla vähennyskelpoisia, jos ne ovat suoraan sijoitustoiminnan tarpeellisia. Lisäksi sijoittaja voi vähentää mahdolliset valuutanvaihtokulut, joita hän joutuu maksamaan sijoittaessaan ulkomaisiin kohteisiin.

Kaikkia sijoituskuluja ei voi vähentää verotuksessa ja on hyvä muistaa kuitenkin, että verotuslainsäädäntö muuttuu ajoittain. Onkin hyvä tarkistaa veroviranomaisten ohjeistus ja konsultoida tarvittaessa veroasiantuntijaa ennen vähennyksien tekemistä. Sijoittajan on myös hyvä suunnitella sijoitusstrategiansa huolellisesti ottaen huomioon verotusasiat.

Verotuksen ymmärtäminen on tärkeää koska se vaikuttaa merkittävästi sijoittamiseen ja sijoitusten tuottoihin. Verotus koskee kaikkia sijoittajia, ja on tärkeää ymmärtää sijoitustoiminnan verotukselliset vaikutukset, jotta sijoitussalkun tuottoja voi maksimoida.

Yksi tärkeimmistä asioista, joita sijoittajan tulee huomioida verotuksen suhteen, on verotuskohtelun erilaisuus eri sijoitustuotteiden välillä. Osake-, rahasto- ja ETF-sijoituksia verotetaan eri tavoin, joten sijoittajan tulee ottaa huomioon sijoituskohteensa verotuskohtelu. Esimerkiksi osakkeiden ja rahastojen myyntivoitoista maksetaan veroa eri tavoin, joten sijoittajan tulee olla tarkkana veroilmoituksen tekemisessä. Osakesäästötilin erikoisverokohtelu selitettiin luvun IV kappaleessa Arvo-osuustili ja osakesäästötili.

Rahasto-osuuksia on kahta eri tyyppiä sekä tuotto-osuuksia että kasvuosuuksia. Tuotto-osuuksien tapauksessa sinun tulee maksaa veroa saamastasi tuotosta joka vuosi. Rahastoyhtiö tekee käytännössä 30 %:n ennakonpidätyksen tuotosta maksun yhteydessä ja tilittää sen verohallinnolle.

Kasvuosuuksien tapauksessa vero maksetaan vasta rahasto-osuuden myynnin yhteydessä. Kasvuosuus pysyy siis rahaston pääomana, kunnes myyt sen ja realisoit voiton, josta maksetaan vero.

Rahastojen ja ETF -rahastojen luovutusvoittoja verotetaan kokonaan pääomatuloina. Pääomatuloista eli myynti- eli luovutusvoitoista maksetaan Suomessa veroa 30 prosentin verokannalla aina 30 000 euroon saakka. Jos pääomatulot ylittävät tämän rajan, ylittävältä osalta peritään korkeampi 34 prosentin vero.

Pörssiyhtiöiden jakamista osingoista 85 prosenttia katsotaan verotettavaksi pääomatuloksi. Tämän osan verotus hoidetaan samaan tapaan kuin myyntivoittojenkin verotus, eli vero on joko 30 prosenttia tai 34 prosenttia riippuen siitä, onko osingot yhteensä alle vai yli 30 000 euron rajan.

Rahastojen haittapuolena on hallinnoinnista aiheutuvat kulut, mutta rahaston etuna on ettei rahasto joudu maksamaan myyntivoitoista tai korkotuloista veroa. Suomessa toimiva rahasto, joka sijoittaa kotimaisiin osakkeisiin, ei ole velvollinen maksamaan veroja saamistaan osingoista. Ulkomaisten rahastojen tuottojen ja osakkeiden osinkojen osalta verokohtelu on kirjavaa ja verotus periaatteet voivat muuttua. Kannattaakin siis varmistaa verotukselliset asiat suoraan verottajalta: www.vero.fi. Lisätietoa verotuksesta sekä sen muutoksista saat helposti liittymällä Veronmaksajien jäseneksi: www.veronmaksajat.fi.

Osakesijoittamisen verosuunnittelulla tai vero-optimoimisella tarkoitetaan sijoittajan pyrkimystä minimoida verotettavaa tuloaan sijoitustoiminnasta. Tärkeimpiä keinoja ovat esimerkiksi sijoituskohteiden pitkäaikainen omistaminen, tappioiden hyödyntäminen verotuksessa, osinkojen ja myyntivoittojen ajoittaminen sopivasti verotuksen kannalta.

Kun lasket osakkeiden myynnistä saamasi voiton tai tappion määrää, voit halutessasi hyödyntää hankintameno-olettamaa. Tämä tarkoittaa sitä, että voit vähentää osakkeiden myyntihinnasta ennalta määrätyn olettaman sen sijaan, että lasket vähennykset erikseen osakkeiden ostohinnasta ja voiton hankkimiskuluista tai perintö- ja lahjaverotuksen verotusarvosta.

Hankintameno-olettaman suuruus riippuu siitä, kuinka kauan olet omistanut myytävät osakkeet. Jos olet omistanut osakkeet alle 10 vuotta, hankintameno-olettama on 20 % osakkeiden myyntihinnasta. Jos taas olet omistanut osakkeet vähintään 10 vuotta, hankintameno-olettama nousee 40 %:iin myyntihinnasta. Tämä tarkoittaa sitä, että voit vähentää suuremman osan myyntihinnasta verotuksessa, mikä voi pienentää huomattavasti verotettavaa voittoasi tai tappiotasi.

Verotuksessa osakkeiden myynnistä aiheutuneet tappiot voi vähentää verotuksessa ensisijaisesti luovutusvuonna saaduista luovutusvoitoista. Jos kuitenkin tappio ylittää luovutusvuonna saadut luovutusvoitot, niin tappio voidaan vähentää myös luovutusvuoden muista pääomatuloista.

Jos luovutustappiota ei kuitenkaan voida vähentää verotuksessa luovutusvuonna, tappio vahvistetaan siitä huolimatta ja sitä voidaan hyödyntää tulevina vuosina. Tappio vähennetään seuraavan viiden vuoden aikana luovutusvoitoista ja muista pääomatuloista.

On kuitenkin tärkeää huomata, että luovutustappiota ei oteta huomioon alijäämähyvitystä laskettaessa. Eli jos tappiota ei saada vähennettyä edes viiden vuoden aikana, sitä ei hyvitetä veronpalautuksena tai alijäämähyvityksenä.

Verosuunnitteluun liittyy aina riskejä ja sijoittajan tulee noudattaa verolainsäädäntöä sekä arvioida mahdolliset veroriskit huolellisesti ennen päätöksentekoa.

4.14 Sijoittajan oikeudet

Sijoittajan oikeudet liittyvät sijoitustoiminnassa hänen suojan ja oikeudenmukaisen kohtelun varmistamiseen. Sijoittajalla on oikeus saada selkeää ja totuudenmukaista tietoa sijoituskohteistaan sekä käyttää äänivaltaansa yhtiökokouksissa. Osakesijoittajilla on oikeus saada osinkoja, mikäli yritys jakaa voittojaan osakkailleen, joko rahana tai osakkeina.

Suomen talletussuoja on lakisääteinen järjestelmä, jonka tarkoituksena on suojata tallettajien varoja, jos pankki ajautuu konkurssiin tai joutuu maksukyvyttömäksi. Talletussuoja koskee kaikkia Suomen alueella toimivia luottolaitoksia.

Talletussuoja kattaa talletukset aina 100 000 euroon asti yhtä tallettajaa kohden. Jos tallettaja on tallettanut varoja usealle eri tilille, talletussuoja kattaa kaikki nämä tilit yhteensä, mutta enintään 100 000 euroon asti.

Talletussuoja on voimassa kaikille tallettajille, sekä yksityishenkilöille että yrityksille. Talletussuoja ei kuitenkaan koske esimerkiksi arvopaperikaupankäyntitilejä tai muita vastaavia tilejä, joilla ei ole tarkoitus säilyttää talletuksia. Korkotilit kuitenkin ovat pääsääntöisesti talletussuojan piirissä.

Jos pankki ajautuu konkurssiin tai joutuu maksukyvyttömäksi, tallettaja voi saada korvauksen talletussuojan piiriin kuuluvista varoistaan. Talletussuoja korvaa tallettajille talletusten kokonaismäärän, enintään kuitenkin 100 000 euroa.

Talletussuojan määrä vaihtelee Pohjoismaiden välillä. Esimerkiksi Suomessa, Ruotsissa ja Tanskassa talletussuoja kattaa enintään 100 000 euroa sijoittajaa kohden pankkia tai muuta luottolaitosta kohti. Norjassa vastaava talletussuoja on 2 miljoonaa Norjan kruunua (noin 190 000 euroa) ja Islannissa 22 000 euroa.

On kuitenkin tärkeää muistaa, että talletussuoja on voimassa vain, jos pankki on virallisesti todettu maksukyvyttömäksi tai konkurssiin ajautuneeksi. Koska talletussuojan piiriin eivät kuulu sijoitukset, ei talletuksia myöskään tule käyttää takauksena, mikäli haluaa talletussuojan olevan voimassa.

Sijoittajalla on myös oikeus saada korvausta, jos hän kärsii tappioita petoksen tai virheellisten tietojen vuoksi. Kuitenkin sijoitettujen pääomien takaisin saaminen ei ole aina varmaa tai ainakin se voi olla hyvin pitkä prosessi.

Esimerkkinä sijoittajan oikeuksista toimikoot case Wincapita. Wincapita oli ulkomailta johdettu sijoitusklubi, joka toimi Suomessa useita vuosia internetin välityksellä. Yhteisö aloitti toimintansa vuonna 2003. Wincapitaan sijoittaneille luvattiin jopa 400 prosentin vuosituotto ja tuottojen väitettiin tulevan automatisoidusta valuuttakaupasta ja vedonlyöntitoiminnasta.

Wincapita paljastui kuitenkin ison luokan huijaukseksi vuonna 2008, kun sijoitusyhtiö Wincapita Oy:n hallinto- ja hallinnointiyhtiö United Bankers Oyj:n tilintarkastajat ilmoittivat epäilyksistään ja pyysivät yhtiötä keskeyttämään maksuliikenteen. Pian tämän jälkeen Suomen Finanssivalvonta määräsi yhtiön selvitystilaan ja sen jälkeen konkurssiin. Wincapita on yksi Suomen historian suurin sijoitushuijaus. Wincapita osoittautui siis pyramidihuijaukseksi, jossa aiempien sijoittajien tuottoja maksettiin uusilta sijoittajilta saaduilla rahoilla. Mitään automatisoitua valuuttakaupankäyntiä tai vedonlyöntitoimintaa tai muutakaan sijoitustoimintaa ei ollut olemassa.

Wincapita sijoitusklubiin liittyi yli 10 000 henkilöä, jotka ehtivät sijoittaa yhteensä noin 100 miljoonaa euroa. Yli 600 Wincapitaan sijoittanutta henkilöä on tuomittu menettämään saamansa rikoshyöty valtiolle. Korvauksia Wincapita-huijauksen uhreille alettiin maksaa vuonna 2013, kun tietoa takavarikoitujen varojen käytöstä alkoi tulla julkisuuteen.

Korvausten maksaminen oli pitkä ja monivaiheinen prosessi, jossa korvauksia maksettiin useassa erässä useiden vuosien ajan. Vielä nyt huhtikuussa 2023 korvauksia päädyttiin maksamaan, Oikeusrekisterikeskuksen (ORK) tekemien kielteisten korvauspäätösten vuoksi käydyn oikeudenkäynnin tuloksena.

Vaikka sijoittajan oikeudet ovat yleisesti ottaen hyvin säädeltyjä, ne voivat vaihdella maittain. Siksi kansainvälisissä sijoitustoimissa on tärkeää selvittää kohdemaan sijoittajan oikeudet ja suojakeinot. Sijoittajan tulee aina selvittää sijoituskohteen riskit ja tuottomahdollisuudet. On tärkeää muistaa, että jos jokin kuulostaa liian hyvältä ollakseen totta, se tuskin on totta. Sijoittaminen on pitkäjänteistä hommaa, ja korkeisiin tuottomahdollisuuksiin liittyy yleensä korkea riski.

4.15 Osinkojen maksu

Yksi sijoittamisen perusedellytyksistä on, että tavoitteena on saada tuottoa sijoitetulle pääomalle. Yksi tapa saada tuloa sijoituksista on osinkojen maksu.

Osinkojen maksu on yleisesti ottaen tärkeää pitkän aikavälin sijoittajalle, joka haluaa saada sijoitukselleen tuottoa vuosittain. Osinkojen maksu ei kuitenkaan ole automaattista ja se voi vaihdella yrityksen taloudellisen tilanteen mukaan. Yritys voi maksaa osinkoja vain, jos sillä on riittävästi voittoja tai kassavaroja. Yritykset maksavat osinkoja eri tahtiin, vuosittain, neljännesvuosittain tai kuukausittain. Ennen osakkeen ostamista on hyvä tutkia yhtiön osinkopolitiikkaa ja arvioida sen kestävyyttä.

Osinkojen irtoaminen tarkoittaa sitä, että osakkeenomistajan täytyy omistaa osake tiettynä päivänä, jotta hän on oikeutettu saamaan osingot. Osingon irtoamispäivä ilmoitetaan yhtiön julkaisemassa osingonjakopäätöksessä, ja se tapahtuu yleensä muutama viikko ennen varsinaista osingonmaksupäivää. Jos myyt osakkeesi ennen irtoamispäivää, menetät oikeuden kyseisen vuoden osinkoihin.

Osingon saamiseen liittyvien käsitteiden selkeyttämiseksi, osingon täsmäytyspäivä on päivä, jolloin määritellään, ketkä osakkeenomistajat ovat oikeutettuja saamaan osingon. Osingon irtoamispäivä ja täsmäytyspäivä vaihtelevat yhtiöittäin, ja yleensä ne sijoittuvat muutaman pankkipäivän päähän toisistaan.

Osingonmaksupäivä on päivä, jolloin osinko maksetaan osakkeenomistajille, ja sen määrittelee yhtiö. Osingonmaksupäivä sijoittuu yleensä noin viiden pankkipäivän päähän osingon täsmäytyspäivästä. Jokaisella osingonmaksukerralla on oma irtoamispäivänsä, täsmäytyspäivänsä ja osingonmaksupäivänsä, ja ne voivat sijoittua eri puolille vuotta riippuen siitä, kuinka usein yhtiö maksaa osinkoja. On tärkeää seurata näitä päiviä ja ymmärtää niiden merkitys osingon saamisessa.

Suomalaiset yhtiöt ovat maksaneet osinkoa perinteisesti kerran vuoteen, mutta nyt osa yhtiöistä on alkanut maksaa puolivuosittain tai kvartaaleittain osinkoa. Ulkomaisten yhtiöiden kohdalla on ollut paljon yleisempää että osingot maksetaan useamman kerran vuodessa. Löytyy paljon ulkomaisia pörssiyrityksiä jotka maksavat osinkoa jopa kuukausittain. Sinänsä ei pitäisi olla isoa merkitystä osingonmaksukertojen määrällä vuodessa, vaan sillä kuinka ison osingon yritys prosentuaalisesti suhteessa osakkeen arvoon maksamaan. Mikäli kuitenkin haluaa sijoituksista säännöllistä tuloa, esimerkiksi elinkustannusten kattamiseen, tasainen tulovirta voi olla paljon käytännöllisempää.

Sijoittajan kannalta kiinnostavat yritykset ovat niitä, jotka ovat jatkuvasti pystyneet kasvattamaan osinkoaan ja liikevaihtoaan kannattavasti. Tämä antaa viitteitä siitä, että yrityksellä on vahva taloudellinen perusta ja se todennäköisesti pystyy kasvattamaan osinkoja myös tulevaisuudessa. Kuitenkin on tärkeää huomata, että menneet suoritukset eivät ole tae tulevasta menestyksestä ja sijoittajan tulisi tehdä huolellinen analyysi yrityksen taloudellisesta tilanteesta ja tulevaisuudennäkymistä ennen sijoituspäätöksen tekemistä.

4.16 Sisäpiirikaupat

Sisäpiirikaupat ovat kuuma keskustelunaihe sijoitusmaailmassa. Sisäpiirikaupoilla tarkoitetaan tilannetta, jossa yhtiön sisäpiiriläinen, kuten johtaja tai hallituksen jäsen, ostaa tai myy yhtiön osakkeita omaksi hyödykseen ennen kuin tämä tieto tulee julkiseksi. Vaikka sisäpiirikaupat ovat laillisia, niiden tekeminen on tiukasti säänneltyä, ja kaikista kaupoista tulee ilmoittaa. Tämä varmistaa, että kaikki osakkeenomistajat saavat saman tiedon yhtiön tilanteesta.

Sisäpiirikauppojen seuraaminen voi olla hyödyllistä sijoittajille, mutta on tärkeää muistaa, että ne eivät ole ainoa tekijä, joka vaikuttaa yhtiön osakkeiden hintaan. Monet muut tekijät, kuten talousnäkymät, kilpailijat ja markkinoiden yleinen tila, voivat myös vaikuttaa yhtiön osakkeiden hintaan. Sijoittajien tulisi myös muistaa, että vaikka sisäpiirikaupat voivat antaa vihjeitä yhtiön tulevaisuudesta, ne eivät ole aina luotettava mittari yhtiön menestyksestä.

On tärkeää huomata, että sisäpiirikaupat ovat tiukasti säänneltyjä, ja epäilyttävistä kaupoista raportoidaan yleensä viranomaisille. Sijoittajien tulisi olla varovaisia luottamasta pelkästään sisäpiirikauppoihin tehdessään sijoituspäätöksiä ja käyttämään muita tietolähteitä yhtiön tilanteen ja liiketoiminnan riskien arvioimiseksi. Sisäpiiriläisten tekemät kaupat voivat olla virheellisiä tai heidän henkilökohtaiset tilanteensa voivat vaikuttaa heidän sijoituspäätöksiinsä.

Sijoittajien tulisi seurata yhtiöiden ilmoittamia raportteja ja uutisia, sillä ne voivat antaa lisätietoa yhtiön tilanteesta. Yhtiöiden tilinpäätökset, taloudelliset tiedot ja tulevaisuuden näkymät ovat tärkeitä tekijöitä, jotka vaikuttavat yhtiön arvostukseen. Sisäpiirikauppojen seuraaminen on vain yksi sijoituspäätösten tekemiseen vaikuttava tekijä, ja on tärkeää ottaa huomioon myös muita tekijöitä, kuten markkinatilanne, yhtiön kilpailijat, taloudelliset näkymät ja yhtiön johdon luotettavuus.

Sisäpiirikaupat voivat olla hyödyllinen tieto sijoittajille, mutta ainoastaan niiden seuraamiseen perustuen ei ole syytä tehdä sijoituspäätöksiä. Sijoittaessaan sijoittajien tulisi myös harkita omaa riskinsietokykyään ja määrittää oma sijoitusstrategiansa ennen kuin aloittavat sijoittamisen.

Yhteenvetona voidaan todeta, että sisäpiirikaupat ovat sijoitusmaailman kiinnostava aihe, mutta ne eivät ole ainoa tekijä, joka vaikuttaa yhtiön arvostukseen ja menestykseen. Sijoittajien tulisi käyttää monipuolista lähestymistapaa ja arvioida kaikki saatavilla olevat tiedot, kuten yhtiöiden tilinpäätökset, taloudelliset tiedot, tulevaisuuden näkymät ja yhtiön johdon luotettavuus, ennen kuin tekevät sijoituspäätöksiä. Sisäpiirikauppojen seuraaminen voi olla hyödyllistä sijoittajille, mutta ne eivät ole aina luotettava mittari yhtiön menestyksestä.

Siksi sijoittajien tulisi käyttää muita tietolähteitä yhtiön tilanteen arvioimiseksi ja tehdä sijoituspäätöksiä harkiten. Sijoittajien tulisi käyttää monipuolista lähestymistapaa ja arvioida kaikki saatavilla olevat tiedot ennen kuin tekevät sijoituspäätöksiä. Tämä auttaa sijoittajia tekemään parempia päätöksiä ja välttämään tarpeettomia riskejä sijoitustoiminnassaan.

4.17 Osakeannit

Osakeannit ovat yleinen tapa, jolla yritykset keräävät rahoitusta toimintansa rahoittamiseksi. Osakeanti tarkoittaa sitä, että yritys tarjoaa uusia osakkeita myytäväksi yleisölle tai jo olemassa oleville osakkeenomistajille. Tämä voi olla hyvä tilaisuus sijoittajille, jotka haluavat ostaa osakkeita yrityksestä.

Osakeanti voi olla joko suunnattu tai yleisöanti. Suunnatussa annissa osakkeita tarjotaan tietyn joukon henkilöiden tai instituutioiden ostettavaksi, kun taas yleisöannissa osakkeita tarjotaan kaikille sijoittajille. Suunnatut annit ovat yleensä suurempia ja tarjoavat mahdollisuuden suurempiin sijoituksiin, kun taas yleisöannit ovat yleensä pienempiä ja tarjoavat mahdollisuuden pienempiin sijoituksiin. Usein yksityissijoittajille avautuu mahdollisuus osallistua IPO (Initial Public Offeringiin) -antiin eli yhtiön ensimmäiseen julkiseen osakeantiin silloin, kun yritys pyrkii listaamaan osakkeensa pörssiin.

Osakeannin hinnan määritys on tärkeä tekijä sijoittajille. Yritys määrittelee yleensä osakeannin hinnan tarjouksessa, mutta sijoittajat voivat tehdä omia arvioitaan osakeannin arvosta ennen päätöksen tekemistä. Yleensä osakeannin hinta määräytyy markkinoiden kysynnän ja tarjonnan perusteella, ja sen arvo voi vaihdella ajan myötä.

Osakeanti voi olla myös merkki yrityksen kasvusta ja kehityksestä. Yrityksen päätös tehdä osakeanti voi olla merkki siitä, että se haluaa laajentua tai investoida uusiin projekteihin. Tämä voi olla positiivinen signaali sijoittajille, jotka etsivät kasvavia yrityksiä sijoituskohteiksi.

Osakeantiin osallistuminen vaatii huolellista tutkimusta ja riskien arviointia. Vaikka osakeanti voi tarjota mahdollisuuden kasvattaa sijoitussalkkua, se voi myös olla riskialtista. Sijoittajien tulisi arvioida huolellisesti yrityksen taloudellista tilannetta, liiketoimintastrategiaa ja tulevaisuuden näkymiä ennen kuin tekevät päätöksen osallistumisesta osakeantiin.

4.18 Yhtiön johto ja hallitus

Yhtiön johto ja hallitus ovat tärkeitä tekijöitä sijoittajille, jotka haluavat tehdä perusteltuja sijoituspäätöksiä. Yrityksen johdon ja hallituksen päätökset vaikuttavat suoraan yrityksen taloudelliseen tilaan ja sen kykyyn tuottaa tuottoa osakkeenomistajille.

Yhtiön johto koostuu tavallisesti toimitusjohtajasta, toimitusjohtajan avustajista sekä muista johtotehtävissä toimivista henkilöistä. Johto vastaa yrityksen päivittäisestä toiminnasta ja liiketoimintastrategioiden toteuttamisesta. Sijoittajien kannalta on tärkeää arvioida yhtiön johdon kokemusta, pätevyyttä ja sitoutuneisuutta yritykseen.

Yhtiön hallitus puolestaan vastaa yrityksen yleisestä strategiasta ja valvoo johtoa. Hallituksen jäsenet ovat vastuussa yrityksen toiminnan eettisyydestä ja oikeudellisesta noudattamisesta. Hallituksen jäsenillä tulisi olla monipuolista kokemusta ja asiantuntemusta, joka tukee yrityksen tavoitteita.

Sijoittajien tulisi seurata yrityksen johtoa ja hallitusta ja arvioida niiden päätösten vaikutuksia yhtiön taloudelliseen tilaan ja pitkän aikavälin menestykseen. Sijoittajat voivat tarkastella yrityksen johdon ja hallituksen kokoonpanoa ja kokemusta, sekä heidän suhteitaan muihin yrityksiin ja sidosryhmiin. Lisäksi sijoittajien tulisi arvioida johto- ja hallituspalkkioita ja muita etuja, joita yrityksen johto ja hallitus saavat, koska ne voivat vaikuttaa päätöksiin ja johtaa mahdollisiin eturistiriitoihin.

Yhtiön johto ja hallitus ovat siis tärkeitä tekijöitä, joita sijoittajien tulee arvioida ennen kuin tekevät päätöksiä yritykseen sijoittamisesta. Hyvin johdettu ja hallinnoitu yritys voi tarjota parempia sijoitusmahdollisuuksia ja tuottaa parempaa tuottoa sijoittajille pitkällä aikavälillä.

5. Riskit ja riskienhallinta

Riskienhallinta on tärkeä aihealue, joka liittyy jokaiseen sijoitukseen. Vaikka osakkeet ovatkin yleisesti ottaen tuottava sijoituskohde, niiden arvo voi vaihdella nopeasti ja merkittävästi eri markkinatilanteissa. Siksi onkin tärkeää ymmärtää erilaiset riskit, joita osakesijoittamiseen liittyy, ja oppia hallitsemaan niitä eri keinoin. Tässä luvussa käydään läpi erilaisia riskejä, joita sijoittaja kohtaa, ja esitellään erilaisia riskienhallintamenetelmiä, joiden avulla sijoittaja voi vähentää riskiä ja saavuttaa parempia sijoitustuloksia.

Sijoittaminen on tapa kasvattaa omaisuutta, mutta se sisältää myös riskejä. Sijoittajan on tunnettava omat tavoitteensa ja riskinsietokykynsä, jotta voi tehdä tietoon perustuvia päätöksiä. Sijoituspäätöksiä tehtäessä on tärkeää ottaa huomioon oma riskinsietokyky ja sijoitushorisontti. Riskinsietokyky kuvaa sitä, kuinka paljon sijoittaja on valmis ottamaan riskiä, ja sijoitushorisontti kuvaa aikaa, jonka sijoitus on tarkoitus pitää. Osakesijoittajan on tärkeää ymmärtää, että sijoitustoimintaan liittyy aina riskiä. Ilman riskiä ei kuitenkaan ole mahdollista saada tuottoa. Siksi sijoittajan on löydettävä tasapaino riskin ja tuoton välillä.

5.1 Riskien tunnistus ja luokittelu

Sijoittajan on tärkeää tunnistaa eri riskit ja pyrkiä hallitsemaan niitä sijoitustoiminnassaan. Tämä on mahdollista esimerkiksi hajauttamalla sijoituksia eri omaisuusluokkien, toimialojen ja maantieteellisten alueiden välillä. Lisäksi sijoittaja voi hyödyntää erilaisia vakuutus- ja suojausinstrumentteja riskienhallinnassa.

Vastapuoliriski tarkoittaa riskiä siitä, että vastapuoli ei kykene täyttämään sopimuksiaan. Tämä voi tapahtua esimerkiksi silloin, kun vastapuoli ajautuu konkurssiin. Vastapuoliriski liittyy useimpiin sijoitustoiminnan muotoihin, kuten osake-, joukkolaina- ja johdannaiskaupankäynti.

Sijoittajan on tärkeää ottaa huomioon vastapuoliriski ja pyrkiä hallitsemaan sitä erilaisilla keinoilla. Yksi tapa vähentää vastapuoliriskiä on valita luotettavia ja vakavaraisia vastapuolia, jotka kykenevät täyttämään sopimuksensa. On mahdollista käyttää myös erilaisia suojausinstrumentteja, kuten vakuuksia ja takuita, joilla voidaan minimoida vastapuoliriskiä.

Markkinariski tarkoittaa riskiä siitä, että markkinoiden epäsuotuisa kehitys vaikuttaa sijoituksen arvoon. Tämä riski on läsnä kaikissa sijoituksissa. Markkinariskiin vaikuttavat monet tekijät, kuten talouden tila, poliittiset päätökset ja kansainvälinen kaupankäynti. Sijoittajan on tärkeää ymmärtää markkinariskin luonne ja pyrkiä hallitsemaan sitä erilaisilla keinoilla. Yksi tapa hallita markkinariskiä on hajauttaa sijoituksia eri omaisuuslajeihin ja toimialoihin. Tämä auttaa sijoittajaa välttämään liiallista altistumista yksittäisille markkinoille ja vähentämään riskiä.

Markkinariskiä voidaan hallita myös käyttämällä erilaisia suojauskeinoja, kuten optioita, futuureita ja johdannaisia. Nämä instrumentit auttavat sijoittajaa suojaamaan sijoituksiaan markkinoiden epäsuotuisalta kehitykseltä. Suojausinstrumentteja käytettäessä on kuitenkin tärkeää ymmärtää niiden toimintaperiaatteet ja niiden riskeihin liittyvät seikat.

Poliittinen riski tarkoittaa riskiä siitä, että poliittiset tapahtumat tai päätökset vaikuttavat sijoituksen arvoon. Esimerkkejä poliittisista riskeistä ovat esimerkiksi sodat, kapinat tai kauppapoliittiset päätökset.

Poliittinen riski voi olla kansallinen tai kansainvälinen. Kansallinen poliittinen riski syntyy, kun poliittiset tapahtumat tai päätökset vaikuttavat yhden maan talouteen tai markkinoihin. Kansainvälinen poliittinen riski syntyy, kun poliittiset tapahtumat tai päätökset vaikuttavat koko maailmantalouteen tai globaaleihin markkinoihin.

Poliittinen riski on usein ennustamaton ja voi johtaa suuriin arvonmuutoksiin sijoituksessa. Siksi sijoittajat pyrkivät usein hajauttamaan sijoituksensa eri maantieteellisille alueille ja toimialoille pienentääkseen poliittisen riskin vaikutusta sijoituksiinsa.

Yritysriski tai liiketoimintariski tarkoittaa riskiä siitä, että yksittäinen yritys ei onnistu tavoitteissaan tai että sen liiketoiminta kärsii. Tämä voi johtua esimerkiksi tuotekehityksen epäonnistumisista, kilpailun kiristymisestä tai taloudellisesta taantumasta.

Yritysriskiä voidaan arvioida erilaisilla mittareilla, kuten yrityksen taloudellisella tilanteella, markkinoiden kehityksellä tai yksittäisen yrityksen liiketoiminnan riskeillä. Yrityksen taloudellinen tilanne, kuten taseen vahvuus, kassavirran kestävyys ja velan määrä, voi vaikuttaa sen kykyyn selviytyä vaikeista ajoista. Markkinoiden kehitys, kuten kysynnän ja tarjonnan suhde, hintojen kehitys ja kilpailutilanne, vaikuttavat myös yksittäisten yritysten menestymiseen.

Yritysriskiä voi pyrkiä hallitsemaan hajauttamalla sijoitukset usealle eri yritykselle ja toimialalle. Tämä pienentää yksittäisen yrityksen tai toimialan vaikutusta sijoitussalkun kokonaisarvoon. Yrityksen liiketoimintariskin arvioiminen ja hallinta on kuitenkin haastavaa, sillä se liittyy moniin tekijöihin, jotka voivat muuttua nopeasti ja ennakoimattomasti.

Osinkoriski on yksi osakkeisiin liittyvistä riskeistä, joka koskee osakkeenomistajan saamaa osinkotuottoa. Osinkotuotto on osakeyhtiön osakkeenomistajille maksama osuus yhtiön tuloksesta. Osinkoriski syntyy, kun yhtiö ei kykene maksamaan osinkoa tai osinko pienenee esimerkiksi yhtiön taloudellisen tilanteen heikentyessä tai voitonjaon politiikan muuttuessa. Osinkoriskiä voi pyrkiä hallitsemaan valitsemalla sellaisia yrityksiä, joilla on vahva taloudellinen asema ja hyvä tuloskehitys sekä tasainen tai kasvava osinkopolitiikka.

Maksuvalmiusriski eli likviditeettiriski tarkoittaa riskiä siitä, että sijoitus ei ole helposti ja kannattavasti muunnettavissa rahaksi tai että sen myyntiä ei ole mahdollista toteuttaa kohtuullisessa ajassa. Likviditeettiriski syntyy yleensä silloin, kun sijoitusmarkkinoiden tai yksittäisten sijoituskohteiden likviditeetti on alhainen tai markkinoiden epävakaudesta johtuen sijoituksen myynti voi olla haastavaa.

Maksuvalmiusriski tai likviditeettiriski voi olla merkittävä haaste erityisesti silloin, kun sijoittaja tarvitsee nopeasti käteistä tai haluaa realisoida sijoituksen arvon muuttuessa. Esimerkiksi kiinteistöjen tai yksityisten yritysten osakkeiden myyminen voi olla vaikeaa, jos sopivaa ostajaa ei ole helposti saatavilla tai kaupan tekeminen vaatii pitkään valmistelua. Toisaalta, esimerkiksi pörssinoteerattujen osakkeiden ja rahasto-osuuksien myynti on yleensä helpompaa, koska rahastot ovat yleensä likvidejä ja niiden arvo voidaan määrittää helposti markkinoilla.

Maksuvalmiusriskiä voi pyrkiä hallitsemaan hajauttamalla sijoitukset eri omaisuuslajeihin ja varmistamalla, että sijoituksilla on riittävä likviditeetti tarvittaessa.

Sijoituskohteiden likviditeettiä kannattaa myös seurata aktiivisesti, jotta mahdolliset muutokset voidaan huomioida sijoituspäätöksiä tehtäessä.

Vastuuriski tarkoittaa riskiä siitä, että sijoitus liittyy jonkinlaiseen vastuuseen tai velvoitteeseen. Esimerkiksi kiinteistösijoittamiseen liittyy riski kiinteistöjen ylläpidosta ja korjauksista. Vastuuriski voi ilmetä eri muodoissa eri sijoituksissa. Esimerkiksi joukkolainoihin sijoitettaessa sijoittaja voi kohdata vastuuriskin, jos lainan takaisinmaksukyvyttömyys johtaa sijoittajan vastuuseen velan takaisinmaksusta. Vastuuriski voi myös liittyä osakkeisiin, jos yritys joutuu oikeusjuttuihin tai muihin vastuutilanteisiin, jotka voivat vaikuttaa osakkeen arvoon. Lisäksi sijoittajien on tärkeä tiedostaa vastuuriskit sijoitusrahastoissa ja ETF:ssä, jotka voivat liittyä rahastonhoitajan tekemiin päätöksiin ja toimiin. On tärkeää tutkia ja ymmärtää sijoituksen mahdolliset vastuut ja velvoitteet ennen sijoituspäätöksen tekemistä.

Korkoriski tarkoittaa riskiä siitä, että korkotason muutokset vaikuttavat sijoituksen arvoon. Esimerkiksi joukkolainoihin sijoittaminen altistaa korkoriskille.

Korkoriski voi ilmetä kun sijoittaja ostaa joukkolainaa, joka tarjoaa kiinteän korkotason, ja korkotaso nousee, sijoittajan sijoituksen markkina-arvo laskee. Toisaalta, jos sijoittaja ostaa joukkolainaa, joka tarjoaa muuttuvan koron, niin jos korot laskevat, vähenee myös sijoituksen tuotto.

Korkotason muutokset vaikuttavat myös muihin sijoituksiin, kuten esimerkiksi kiinteistöihin ja osakkeisiin. Jos korkotaso nousee, se voi vaikuttaa negatiivisesti kuluttajien käytettävissä olevaan rahaan, mikä voi johtaa kulutuksen vähenemiseen ja talouden hidastumiseen. Tämä puolestaan voi vaikuttaa negatiivisesti osakkeiden arvoon, sillä yritykset eivät saa niin paljon tuloja kuin odottivat.

Luottoriski tarkoittaa riskiä siitä, että lainanantaja tai vastapuoli ei kykene maksamaan velkaansa takaisin. Luottoriski on merkittävä tekijä kaikissa lainasijoituksissa, sillä sijoittaja voi menettää rahansa, jos lainanottaja ei kykene maksamaan takaisin lainaansa. Luottoriskiä voi hallita esimerkiksi valitsemalla lainanantajia, joiden luottoluokitus on korkea, ja hajauttamalla sijoituksia useisiin eri lainoihin tai lainanottajiin. Luottoriskiä on myös mahdollista pienentää sijoittamalla lainoihin, joiden takana on vakuus, kuten kiinteistö tai arvopaperi.

Hintariski tarkoittaa riskiä siitä, että sijoituksen hinta muuttuu epäedullisesti. Hintariski on yksi sijoittamisen perusriskityypeistä ja se kuvaa mahdollisuutta sijoituksen hintojen muutoksiin, jotka voivat vaikuttaa sijoituksen arvoon. Hintariski on erityisen merkittävä osakkeiden ja muiden pörssilistattujen arvopapereiden kohdalla, sillä niiden hinta vaihtelee jatkuvasti markkinoiden reaktioiden, yhtiön tulevaisuuden näkymien ja muiden tekijöiden mukaan.

Hintariskiin voi vaikuttaa myös erilaiset markkinaepävarmuudet, kuten talouden taantuma, kansainväliset konfliktit, poliittiset päätökset ja jopa yksittäisten yritysten skandaalit tai konkurssit. Tällaiset tekijät voivat johtaa sijoittajien pelkoihin ja massiivisiin myyntiaaltoihin, mikä voi vaikuttaa koko markkinan hintatasoon.

Hintariskiä voidaan vähentää sijoitusstrategialla, joka perustuu hajauttamiseen ja riskienhallintaan. Hajauttamalla sijoitukset useisiin eri kohteisiin, kuten eri toimialoille, maihin tai omaisuusluokkiin, sijoittaja voi pienentää yksittäisten sijoitusten vaikutusta kokonaisportfolion arvoon. Riskienhallintaan kuuluvat esimerkiksi stop-loss -rajat, jotka rajaavat tappioita ja auttavat pitämään sijoitukset hajautettuna.

Operatiivinen riski tarkoittaa riskiä siitä, että sijoituksen tuottamiseen liittyvät prosessit tai järjestelmät eivät toimi odotetulla tavalla. Esimerkiksi sijoitusrahastoihin sijoitettaessa operatiivinen riski voi liittyä rahaston hoitajan tai hallinnon virheisiin.

Operatiivinen riski kattaa laajasti erilaisia riskejä, jotka liittyvät sijoituksen tuottamiseen liittyviin toimintoihin ja prosesseihin. Näitä riskejä voivat olla esimerkiksi tietojärjestelmien tai teknisten laitteiden toimintahäiriöt, henkilöstön virheet, petokset, tietoturvaloukkaukset tai ulkoiset tapahtumat, kuten luonnonkatastrofit tai sähkökatkokset.

Operatiivinen riski on merkittävä erityisesti finanssialalla, jossa sijoituspalveluiden tarjoajat käsittelevät suuria määriä tietoa ja rahavirtoja. Esimerkkejä operatiivisista riskeistä finanssialalla ovat tietojärjestelmien häiriöt, maksuliikenteen viiveet tai virheet, asiakastietojen vuodot, kirjanpidon virheet tai asiakaspalvelun laadun heikkeneminen.

Sijoittajat voivat pienentää operatiivista riskiä valitsemalla luotettavia ja hyvin hallinnoituja sijoituskohteita sekä seuraamalla säännöllisesti sijoituspalveluiden tarjoajien toimintaa ja riskienhallintaa.

5.2 Hajauttaminen ja allokaatio

Hajauttaminen ja allokaatio ovat kaksi tärkeää käsitettä osakesijoittamisessa. Ne auttavat sijoittajia välttämään liian suurta riskiä yksittäisiin osakkeisiin tai toimialoihin sidottuna ja sijoittamaan varojaan eri kohteisiin.

Hajauttaminen tarkoittaa sijoitusten jakamista useisiin eri kohteisiin. Se auttaa vähentämään riskiä, koska yksittäisten sijoitusten arvonmuutokset eivät vaikuta salkun kokonaisarvoon yhtä voimakkaasti. Tämä on tärkeää, koska yksittäisten osakkeiden arvot voivat vaihdella merkittävästi, ja yhden sijoituksen menettäminen voi olla haitallista salkun kokonaisarvolle.

Hajauttamisessa on tärkeää valita erilaisia sijoituskohteita, kuten osakkeita eri toimialoilta, maantieteellisiä alueita tai eri omaisuusluokkia, kuten joukkovelkakirjoja ja rahastoja. Tämä auttaa vähentämään riskiä ja saavuttamaan paremman tuoton pitkällä aikavälillä.

Allokaatio tarkoittaa varojen jakamista eri sijoituskohteiden välillä. Allokaation tarkoituksena on optimoida salkun riski-tuotto-suhde ja varmistaa, että sijoitukset vastaavat sijoittajan riskinsietokykyä ja tavoitteita. Allokaation määrittäminen on tärkeää, koska eri sijoituskohteet tuottavat eri tavalla eri aikoina.

Sijoittajat voivat käyttää erilaisia allokaatiostrategioita, kuten vakioallokaatiota tai dynaamista allokaatiota, riippuen sijoitustavoitteista ja riskinsietokyvystä. Vakioallokaatiossa sijoitukset ovat tietyn prosenttiosuuden eri omaisuusluokissa, ja salkun rakenne pysyy samana. Dynaamisessa allokaatiossa salkun rakenne muuttuu ajan myötä sijoitusten tuoton ja riskin mukaan.

Hajauttaminen ja allokaatio ovat tärkeitä käsitteitä, joita sijoittajien tulisi ymmärtää ja soveltaa osakesijoittamisessaan. Niiden avulla sijoittajat voivat vähentää riskiä, saavuttaa paremman tuoton ja sijoittaa varansa tavoitteidensa mukaisesti.

5.3 Sijoitustuotteiden käyttäminen riskienhallinnassa

Sijoitusmarkkinoiden nopea kehitys on tuonut mukanaan erilaisia sijoitustuotteita, joita voidaan käyttää sijoitusriskien hallinnassa.

Ehkä yleisin tapa käyttää sijoitustuotteita riskienhallinnassa on käyttää indeksiosuusrahastoja tai vastaavia ETF -rahastoja. Indeksirahastot seuraavat tietyn indeksin kehitystä, mikä tarjoaa sijoittajalle mahdollisuuden hajauttaa sijoituksiaan laajalle osakemarkkinoille.

Tällä tavoin sijoittaja voi vähentää yksittäisiin osakkeisiin liittyviä riskejä, sillä hajautus vähentää yksittäisen osakkeen tai toimialan vaikutusta sijoitussalkkuun. Indeksiosuusrahastot salkut jäljittelevät indeksin painotuksia ja eivät käy aktiivisesti kauppaa, tästä syystä niiden kustannukset ovat yleensä maltillisia. Varsinkin kun sijoitussalkun koko on vielä suhteellisen pieni voi riittävän hajautuksen saaminen olla helpointa ja kustannustehokkainta indeksiosuusrahastojen tai vastaavien ETF rahastojen avulla.

Sijoittajat voivat käyttää myös useita monimutkaisempia sijoitustuotteita riskienhallintaan, kuten esimerkiksi Bull- ja Bear-sertifikaatteja, optioita, futuureita, warrantteja tai swap-sopimuksia. Bull- ja Bear-tuotteet ovat yleensä vivutettuja ja niiden arvonvaihtelu on kohde-etuuden arvonvaihteluun sidonnainen saman tai vastakkaissuuntainen moninkertainen. Optiot antavat ostajalle oikeuden ostaa tai myydä tietyn omaisuuserän tiettyyn hintaan tiettynä aikana. Futuurit ovat sopimuksia, joissa osapuolet sitoutuvat vaihtamaan tietyn omaisuuserän tiettyyn hintaan tiettynä ajankohtana tulevaisuudessa. Warrantti on rahoitusväline, joka antaa oikeuden ostaa tai myydä tietyn osakkeen tiettynä ajankohtana tiettyyn hintaan. Swap-sopimukset ovat sopimuksia, joissa kaksi osapuolta sopii vaihtavansa keskenään tiettyjä kassavirtoja tulevaisuudessa.

Kaikki sijoitustuotteet eivät sovi kaikille sijoittajille, ja kaikki sijoitustuotteet eivät ole aina tehokkaita riskejä vastaan. Sijoitustuotteiden käyttäminen vaatii syvällistä ymmärrystä sijoittamisesta ja näistä tuotteista. Näiden käyttämisessä on myös aina hyvä huomata että niiden liikkeelle laskijan tarkoitus on myös tehdä tuottoja näiden sijoitusinstrumenttien avulla. Mikäli ei ymmärrä sijoitustuotteiden toimintaa voi niistä aiheutua myös lisää riskejä ja ainakin kustannuksia. On tärkeää tehdä huolellinen sijoitussuunnitelma ja harkita sijoitustuotteiden käyttöä huolellisesti, ennen niiden käyttämistä.

5.4 Stop-loss -rajat

Stop-loss -rajat ovat tärkeä työkalu osakesijoittamisessa, joka auttaa sijoittajia vähentämään tappioita ja suojaamaan sijoituksiaan. Stop-loss -raja on sijoittajan asettama automaattinen myyntitoimeksianto, joka laukeaa, kun sijoituksen arvo laskee tietyn rajan alle. Tämä auttaa välttämään tappioiden kasvamista liian suuriksi ja antaa sijoittajalle paremman kontrollin sijoitusten riskienhallintaan.

Stop-loss -rajat ovat erityisen tärkeitä, kun sijoittajat käyttävät vipuvaikutteisia instrumentteja, kuten optioita, futuureja tai sertifikaatteja, joiden riskit voivat olla suurempia kuin perinteisten osakesijoitusten. Näissä instrumenteissa pienetkin hintamuutokset kohde-etuudessa voivat aiheuttaa merkittäviä tappioita, ja stop-loss -rajat auttavat sijoittajia suojaamaan sijoituksiaan ja hallitsemaan riskejä.

Sijoittajan on tärkeää määrittää stop-loss -raja huolellisesti. Stop-loss -rajan asettaminen liian matalalle voi johtaa liian aikaiseen myyntiin ja mahdollisesti menetettyyn tuottoon, kun taas liian korkealle asetettu stop-loss -raja voi altistaa sijoittajan suuremmalle riskille. Sijoittajat voivat käyttää erilaisia analyyttisia työkaluja ja tekniikoita määrittääkseen sopivan stop-loss -rajan, kuten teknistä analyysiä tai volatiliteetin mittaamista.

On myös tärkeää huomata, että stop-loss -rajat eivät ole aina täydellinen ratkaisu sijoitusten suojaamiseen. Äkilliset hintamuutokset tai markkinan epävakaus voivat johtaa stop-loss -rajan laukeamiseen, jolloin sijoittaja voi menettää mahdollisuuden hyötyä myöhemmin tapahtuvasta hintojen noususta. Siksi stop-loss -rajoja tulisi käyttää varovaisesti ja aina harkiten osana laajempaa riskinhallintastrategiaa.

5.5 Sijoitussuunnitelman laatiminen

Sijoitussuunnitelman laatiminen on tärkeä osa onnistunutta osakesijoittamista. Suunnitelma auttaa määrittämään sijoitustavoitteesi, riskinsietokykysi ja sijoitusaikajänteesi. Se myös auttaa sinua pysymään kurssissa, kun markkinoilla tapahtuu muutoksia.

Seuraavassa on joitain vinkkejä sijoitussuunnitelman laatimiseen:

Määritä sijoitustavoitteesi: Aloita määrittämällä, miksi haluat sijoittaa osakkeisiin. Onko tavoitteesi saada tuottoa lyhyellä aikavälillä vai kasvattaa varallisuutta pitkällä aikavälillä?

Arvioi riskinsietokykysi: Sinun on ymmärrettävä, kuinka paljon riskiä olet valmis ottamaan sijoituksissasi. Tämä auttaa määrittämään sijoitussalkkusi koostumuksen ja hajauttamisen.

Määritä sijoitusaikajänteesi: Määritä, kuinka pitkän ajanjakson haluat sijoittaa. Tämä auttaa sinua valitsemaan oikeanlaisia osakkeita salkkuusi.

Päätä salkkusi hajautus: On tärkeää hajauttaa salkkusi, jotta voit välttää liian suuren riskin. Valitse erilaisia osakkeita eri toimialoilta ja hajauta sijoitukset eri maantieteellisille alueille.

Määritä sijoitusten arvopaperityyppi: Päätä, mihin arvopapereihin haluat sijoittaa, kuten yksittäisiin osakkeisiin, rahastoihin tai ETF:iin.

Päätä sijoitusten arvonmääritystapa: Valitse tapa, jolla arvioit yksittäisten osakkeiden tai sijoitusten arvoa, kuten tekninen analyysi tai perusteellinen analyysi.

Päivitä suunnitelmasi säännöllisesti: Sijoitussuunnitelma ei ole staattinen dokumentti. Sinun on päivitettävä sitä säännöllisesti ja mukautettava salkkusi tarpeiden ja markkinoiden muutosten mukaan.

Sijoitussuunnitelman laatiminen on tärkeä askel onnistuneessa osakesijoittamisessa. Muista, että suunnitelma auttaa sinua pysymään kurssissa, kun markkinoilla tapahtuu muutoksia, ja auttaa sinua saavuttamaan tavoitteesi pitkällä aikavälillä.

6. Osakesijoittajan psykologia

Osakesijoittaminen on monille harrastajille mielenkiintoinen tapa kartuttaa varallisuuttaan. Se edellyttää kuitenkin paljon enemmän kuin pelkkää osakeanalyysiä ja taloustiedon hallintaa. Osakesijoittajan on myös ymmärrettävä oman mielensä toimintaa, sillä tunteet ja psyyke voivat vaikuttaa merkittävästi sijoituspäätöksiin ja lopulta tuottoihin.

Osakesijoittajan psykologiaan liittyy esimerkiksi sijoituspäätöksiin liittyvä stressi, mielihyvä ja pelko, joiden käsittely on tärkeää menestyvän sijoitustoiminnan kannalta. Oikeanlainen mielentila ja psyykkinen valmius ovat siis yhtä tärkeitä kuin sijoitusosaaminenkin.

6.1 Tunteiden hallinta

Osakesijoittamisen psykologian ymmärtäminen ja hallinta on erittäin tärkeä tekijä sijoituspäätösten tekemisessä, erityisesti markkinoiden nousu- ja laskusuhdanteiden aikana. Markkinoiden noususuhdanteet saavat sijoittajat tuntemaan olonsa hyväksi ja optimistiseksi, mikä voi johtaa ylioptimistisiin odotuksiin ja riskialttiiden sijoitusten tekemiseen. Tämä johtuu siitä, että sijoittajat ovat usein taipuvaisia uskomaan, että noususuhdanteet jatkuvat loputtomiin.

Markkinoiden laskusuhdanteet voivat taas aiheuttaa ahdistusta, pelkoa ja epävarmuutta sijoittajien mielessä. Tämä voi johtaa huonoihin päätöksiin, kuten myydä osakkeita liian aikaisin tai olla myymättä tappiolla olevia osakkeita. Sijoittajien on tärkeää ymmärtää, että markkinoiden laskusuhdanteet ovat luonnollinen osa markkinoiden syklejä ja että sijoitusten arvon heilahtelut ovat odotettavissa olevia ja normaaleja tapahtumia.

Sijoittajan on myös tärkeää hallita tunteitaan ja välttää impulsiivisia päätöksiä. Sijoittajat saattavat olla haluttomia myymään tappiolla olevia osakkeita, koska he eivät halua myöntää epäonnistuneensa tai menettää rahaa. Tämä voi kuitenkin johtaa entistä suurempiin tappioihin, jos sijoitus jatkaa edelleen arvonlaskuaan.

Toisaalta, kun osakkeen arvo nousee, sijoittajat voivat olla innostuneita kotiuttamaan voittojaan liian aikaisin. Tämä voi johtaa menetettyihin mahdollisuuksiin, kun osakkeen arvo jatkaakin nousuaan. Sijoittajan on tärkeää pysyä järkevänä ja käyttää rationaalisia perusteita sijoituspäätösten tekemisessä.

On syytä myös ymmärtää massapsykologia ja sen vaikutukset sijoitusmarkkinoihin sekä etenkin niistä aiheutuvat ilmiöt, kuten joukkohysteria ja sen nousumarkkinan ilmenemä osakekiima.

Joukkohysteria liittyy osakesijoittamiseen siten, että se voi johtaa massiivisiin hintapiikkeihin eli osakekupliin tai romahduksiin osakemarkkinoilla. Tämä tapahtuu, kun suuri määrä sijoittajia alkaa ostaa tai myydä osakkeita tietyn yhtiön tai toimialan ympärillä ilman objektiivista syytä, vaan sen sijaan perustuen pelkästään tunteisiin, huhuihin tai trendeihin.

Tällainen joukkohysteria voi johtaa osakkeiden hintojen keinotekoisiin muutoksiin, jotka eivät välttämättä vastaa yrityksen todellista arvoa. Esimerkiksi jos suuri joukko sijoittajia innostuu ostamaan tietyn yrityksen osakkeita, osakkeiden hinta voi nousta keinotekoisesti korkealle tasolle. Tämä voi johtaa yliarvostukseen, mikä tarkoittaa sitä, että osakkeen hinta on korkeampi kuin yrityksen todellinen arvo. Tällaisessa tilanteessa sijoittajat, jotka ovat ostaneet osakkeita huippuhintaan, voivat menettää rahaa, jos osakkeiden hinta putoaa takaisin normaalitasolle ja toisaalta taas oikein ajoitetulla myynnillä voi saada kotiutettua hyvät voitot.

Joukkohysteria voi myös johtaa paniikkimyynteihin, kun suuri joukko sijoittajia alkaa myydä osakkeitaan pelon vallassa. Tämä voi johtaa hintojen laskuun, joka saattaa olla ylimitoitettu suhteessa yrityksen todelliseen arvoon. Tämä puolestaan voi tarjota mahdollisuuden fiksuille sijoittajille, jotka näkevät tilanteen objektiivisesti ja pystyvät hyötymään ylimitoitetusta laskusta ostamalla alihinnoiteltuja osakkeita.

Joukkohysteria on siis riski, joka liittyy sijoittamiseen, ja sijoittajan on tärkeää seurata markkinoita objektiivisesti, eikä antaa tunteiden tai trendien ohjata sijoituspäätöksiä. On tärkeää ymmärtää, että isotkin markkinoiden heilahtelut ja sijoitusten arvonvaihtelut ovat luonnollisia osia sijoitustoiminnasta, mutta niihin on silti hyvä varautua. Tärkeintä on pysyä järkevänä, välttää impulsiivisia päätöksiä ja pitää tavoitteet ja riskinsietokyky selkeänä mielessä.

6.1.1 Joukkohysteria ja pörssikuplat

Osakemarkkinoiden kuplat ovat tilanteita, joissa osakkeiden hinnat ovat kohonnut keinotekoisesti liian korkealle tasolle suhteessa niiden todelliseen arvoon, joukkohysterian vuoksi. Tällaisia tilanteita on historiassa tapahtunut useita, ja monesti ne ovat johtaneet vakaviin taloudellisiin seurauksiin.

Yleinen esimerkki talouden kuplasta ja joukkohysteriasta on tulppaanikupla. Se oli hollantilaisen talouden historian ensimmäinen suuri talouskriisi, joka tapahtui vuonna 1637. Kuplan syntymistä edelsi tulppaanien suuri suosio, ja erityisesti harvinaisimpien lajikkeiden hinnat alkoivat nousta huimasti. Tämän seurauksena monet alkoivat ostaa tulppaaneja jopa spekulatiivisiin tarkoituksiin, ja hintojen nousu jatkui niin pitkään, että tulppaaneista tuli lyhyessä ajassa yksi Hollannin tärkeimmistä talouden aloista.

Kuplan puhkeaminen tapahtui, kun ostajien määrä ylitti tarjonnan ja hintojen nousu pysähtyi. Tämän jälkeen monet sijoittajat yrittivät myydä tulppaanejaan, mutta kysyntä ei enää vastannut tarjontaa, ja näin hinnat romahtivat. Tämä johti monen sijoittajan konkurssiin ja talouden heikkenemiseen.

Tulppaanikuplan synnystä ja puhkeamisesta on tullut symboli spekulatiiviselle sijoittamiselle ja joukkohysterialle, jossa yleinen mielipide ja tunteet vaikuttavat markkinoiden hintoihin ja voivat johtaa sijoittajien ylireagointiin.

Toinen hyvin yleinen esimerkki on vuoden 1929 pörssiromahdus, josta käytetään usein termiä "musta tiistai" (Black Tuesday), ja se oli yksi historian pahimmista talouskriiseistä. Yhdysvalloissa pörssikurssit olivat nousseet 1920-luvun lopulla ennennäkemättömän korkeiksi, ja monet sijoittajat olivat innokkaita sijoittamaan pörssiosakkeisiin suuren taloudellisen kasvun ja optimismin aikana.

Kuitenkin syyskuun ja lokakuun 1929 välisenä aikana pörssikurssit alkoivat nopeasti laskea, ja 24. lokakuuta 1929 pörssikurssit romahtivat dramaattisesti. Tämä käynnisti taloudellisen laskusuhdanteen, joka johti suureen lamaan Yhdysvalloissa ja sen jälkeen myös maailmanlaajuisesti.

Vuoden 1929 romahduksen syyt olivat moninaiset ja monimutkaiset, mutta yksi keskeinen tekijä oli se, että monet sijoittajat olivat ostaneet osakkeita velkarahalla, mikä lisäsi taloudellista riskiä. Kun pörssikurssit alkoivat laskea, monilla sijoittajilla ei ollut riittävästi varoja maksaa takaisin lainojaan, mikä johti monien sijoittajien konkurssiin. Tämä synnytti massiivisen paniikin ja epävarmuuden ilmapiirin, joka laajeni nopeasti kaikkialle talouteen ja yhteiskuntaan.

Vuoden 1929 romahdus oli erinomainen esimerkki joukkohysteriasta, sillä sijoittajat ja yleinen yleisö olivat valtavan optimistisia ja yli-innokkaita pörssiosakkeiden suhteen ennen romahdusta. Kun pörssikurssit alkoivat laskea ja pelko talouden tulevaisuudesta levisi, monet sijoittajat ryntäsivät myymään osakkeitaan aiheuttaen massiivisen laskun osakkeiden hinnoissa. Tämä ilmiö edisti edelleen joukkohysteriaa, joka laajeni koko talouteen ja lopulta johti yhteen historian vakavimmista talouskriiseistä.

Tuoreempana ja monen muistissa olevana esimerkkinä voidaan mainita teknokupla, joka puhkesi vuonna 2000. Tällöin teknologiayhtiöiden osakkeiden hinnat olivat kohonneet huippuunsa, vaikka monilla yhtiöillä ei ollut vielä liiketoimintaa tai voittoja. Markkinahysteriaan liittyen sijoittajat olivat erittäin innostuneita teknologiayhtiöiden potentiaalista ja hypettivät niiden osakkeita. Kuitenkin, kun todellisuus alkoi valjeta ja yhtiöiden arvostukset osoittautuivat liian korkeiksi suhteessa niiden todelliseen potentiaaliin, puhkesi kupla ja teknologiayhtiöiden osakkeet romahtivat. Tämä aiheutti vakavia taloudellisia seurauksia ja johti useiden yhtiöiden konkurssiin.

Varsinaisen sijoitusurani aikainen ensimmäinen pörssikupla oli vuoden 2008 finanssikriisi, joka liittyi kiinteistömarkkinoiden ylikuumenemiseen ja liialliseen velkaantumiseen sekä siihen että pankit olivat paketoineet näitä asuntolainoja joukkovelkakirjalainoiksi ja edelleen monimutkaisiksi johdannaisiksi. Pankit myönsivät liian suuria lainoja, jotka perustuivat epärealistisiin arvostuksiin kiinteistöistä. Tämä johti kuplaan, joka puhkesi, kun yhä useammat ihmiset eivät pystyneet maksamaan asuntolainojaan. Tämä aiheutti laajan finanssikriisin, joka levisi ympäri maailmaa ja vaikutti vakavasti monien maiden talouteen.

Seuraava merkittävä joukkohysteriaan liittyvä tapahtuma oli korona-pandemia, joka aiheutti häiriöitä osakemarkkinoilla ja johti osittain myös joukkohysteriaan. Pandemian leviämisen myötä osakemarkkinat romahtivat nopeasti maaliskuussa 2020, kun sijoittajat pelkäsivät talouden lamaantumista. Tämä johti useisiin paniikkimyynteihin, joiden seurauksena monet osakkeiden hinnat putosivat nopeasti. Kuitenkin, kun talouden tilanne alkoi parantua, markkinat palautuivat nopeasti, ja monille sijoittajille jäi mahdollisuus ostaa halvalla myytyjä osakkeita edullisesti.

Historia toistaa itseään. Kuplia muodostuu ja puhkeaa. Osakekurssit ovat kuitenkin tähän mennessä joka kerta palautuneet aiemmalle tasolleen sekä siitä korkeammalle.

6.2 Päätöksenteko ja riskinsietokyky

Päätöksenteko ja riskinsietokyky ovat tärkeitä osia osakesijoittamista, sillä jokainen sijoituspäätös sisältää jonkin asteen riskiä. Osakesijoittajan onkin tärkeää määrittää oma riskinsietokykynsä, eli kuinka paljon hän on valmis sijoittamaan riskipitoisiin kohteisiin, kuten osakkeisiin.

Tärkeä osa päätöksentekoa on myös sijoitusstrategian määrittäminen. Osakesijoittajan on hyvä tietää, millä periaatteilla hän tekee sijoituspäätöksiä ja millaisia tavoitteita hän niillä tavoittelee. Tämä auttaa häntä välttämään impulsiivisia päätöksiä ja tekemään harkittuja päätöksiä.

Osakesijoittajan on myös tärkeää tiedostaa, että jokainen sijoituspäätös sisältää jonkin asteen epävarmuutta. Markkinoiden kehitys voi muuttua nopeasti ja ennalta arvaamattomasti, jolloin myös sijoituspäätökset voivat osoittautua virheiksi. Onkin tärkeää olla valmis muuttamaan mielipidettään ja tekemään muutoksia sijoitussalkkuunsa tarvittaessa.

Lopuksi on tärkeää muistaa, että kaikki sijoitukset eivät aina tuota voittoa. Osakesijoittajan onkin hyvä varautua siihen, että hänen sijoituksensa voivat myös tuottaa tappiota. Sijoita vain pääomaa, jonka olet valmis menettämään. Tärkeää on myös oppia virheistä ja käyttää niitä oppimiskokemuksina tulevaisuudessa. Sijoittajan tuleekin pyrkiä välttämään liian suuria riskejä, mutta samalla pitää mielessä, että liian varovainen lähestymistapa voi johtaa sijoitusten tuoton heikkenemiseen.

6.3 Sijoitusstrategian muuttaminen

Sijoitusstrategian muuttaminen voi olla tärkeää, jos elämäntilanne, taloudellinen tilanne tai sijoitusten tavoitteet muuttuvat. Seuraavassa on joitakin tilanteita, joissa sijoitusstrategian muuttaminen voi olla järkevää:

Muuttuneet taloudelliset tavoitteet: Jos taloudelliset tavoitteet ovat muuttuneet, sijoitusstrategiaa on syytä tarkastella uudelleen. Esimerkiksi, jos alun perin tavoitteena oli säästää tietty summa rahaa tulevaa lomamatkaa varten, mutta matka on peruuntunut, on hyvä miettiä, onko sijoitussalkun riskitaso yhä sopiva.

Elämäntilanteen muutokset: Sijoitusstrategian muuttaminen voi olla tarpeen, jos elämäntilanne muuttuu. Esimerkiksi, jos perhe kasvaa tai suunnitteilla on suurempi talon osto- tai rakennusprojekti, voi olla tarpeen sijoittaa enemmän varoja pitkäaikaiseen säästämiseen.

Sijoitusmarkkinoiden muutokset: Sijoitusmarkkinat voivat muuttua nopeasti, ja strategian muuttaminen voi olla tarpeen, jos markkinoilla tapahtuu suuria muutoksia. Esimerkiksi, jos markkinoiden volatiliteetti kasvaa, voi olla järkevää harkita riskitasojen pienentämistä.

Sijoitussalkun hajauttamisen tarve: Sijoitussalkun hajauttaminen voi olla tärkeää sijoitusten turvaamiseksi ja riskien pienentämiseksi. Sijoitusstrategiaa on syytä tarkastella uudelleen, jos salkku ei ole riittävän hajautettu tai jos sijoitusten painotukset ovat muuttuneet merkittävästi.

Sijoitusstrategian epäonnistuminen: Jos sijoitusstrategia ei tuota odotettuja tuloksia tai jos strategia ei ole sopiva nykyiseen taloudelliseen tilanteeseen, sen muuttaminen voi olla välttämätöntä.

On tärkeää huomata, että sijoitusstrategian muuttaminen ei aina ole tarpeen, ja muutoksia kannattaa harkita huolellisesti. Jos olet epävarma, kannattaa harkita riippumattoman ammattilaisen kanssa keskustelua ennen sijoitusstrategian muuttamista.

7. Tulevaisuuden haasteet ja ratkaisut

Osakesijoittamisen tulevaisuuden haasteet ja ratkaisut ovat tärkeitä tekijöitä sijoituspäätösten tekemisessä. Tämä luku käsittelee tulevaisuuden haasteita, joita sijoittajat saattavat kohdata osakesijoittamisessa, kuten ilmastonmuutoksen vaikutukset, teknologian nopea kehitys ja poliittinen epävakaus. Lisäksi tarkastelemme tulevaisuuden ratkaisuja, jotka voivat auttaa sijoittajia tekemään kestäviä ja tuottoisia sijoituksia.

7.1 Sijoittajien vastuu yhteiskunnassa

Sijoittaminen ei ole vain taloudellista toimintaa, vaan myös yhteiskunnallista vaikuttamista. Sijoittajilla on valtaa vaikuttaa yritysten päätöksiin ja toimintaan, ja tämä valta tuo mukanaan myös vastuun.

Yritykset ovat osa yhteiskuntaa ja niiden toiminta vaikuttaa monella tavalla yhteiskuntaan. Sijoittajat voivat käyttää valtaansa vaikuttaakseen yritysten toimintaan ja tekemään niistä vastuullisempia ja kestävämpiä. Yritysten vastuullisuus ja kestävä kehitys ovat tärkeitä asioita yhteiskunnan kannalta, ja sijoittajat voivat olla merkittävä tekijä näiden asioiden edistämisessä.

Sijoittajien vastuu yhteiskunnassa tarkoittaa, että sijoittajien on otettava huomioon yritysten yhteiskunnallinen vaikuttavuus ja vastuullisuus sijoituspäätöksiä tehdessään. Sijoittajat voivat vaatia yrityksiltä vastuullisuutta ja kestävää kehitystä sekä seurata yritysten toimintaa näiden asioiden suhteen. Tämä voi tapahtua esimerkiksi äänestämällä yhtiökokouksissa, vaatimalla yrityksiltä tietoa niiden yhteiskunnallisesta vaikuttavuudesta ja seuraamalla niiden raportointia.

Sijoittajien vastuu yhteiskunnassa on tärkeä aihe, joka herättää yhä enemmän keskustelua sijoitusalalla. Sijoittajat voivat käyttää valtaansa vaikuttaakseen yritysten toimintaan ja tekemään niistä vastuullisempia ja kestävämpiä, ja tämä vastuu on yhteiskunnan kannalta tärkeä asia.

7.2 Ilmastonmuutos ja sen vaikutukset sijoittamiseen

Ilmastonmuutos on yksi suurimmista globaaleista haasteista tulevaisuudessa. Se vaikuttaa monilla tavoin myös osakesijoittamiseen. Ilmastonmuutos tuo mukanaan riskejä ja mahdollisuuksia sijoitusmarkkinoilla.

Ympäristöystävällisten ja vastuullisten sijoitusten merkitys kasvaa jatkuvasti. Yritysten on otettava huomioon ympäristönäkökohdat liiketoiminnassaan, mikäli ne haluavat pysyä kilpailukykyisinä ja houkutella vastuullisia sijoittajia. Osakesijoittajat voivat hyödyntää tätä kehitystä ja sijoittaa ympäristöystävällisiin yrityksiin, joiden liiketoiminta perustuu kestävään kehitykseen.

Ilmastonmuutos tuo myös riskejä sijoitusmarkkinoille. Esimerkiksi ilmastonmuutoksen aiheuttamat luonnonkatastrofit voivat vaikuttaa yritysten toimintaan ja sitä kautta niiden osakekurssiin. Energia-alan yritykset, kuten öljy- ja kaasuyhtiöt, voivat kärsiä ilmastonmuutoksen vaikutuksista, kun taas uusiutuvan energian tuottajat voivat hyötyä siitä.

Osakesijoittajan onkin tärkeää ottaa huomioon ilmastonmuutoksen vaikutukset omassa sijoitustoiminnassaan. Ympäristöystävällisillä sijoituksilla voidaan saavuttaa kilpailuetua ja lisätä tuottoja, kun taas ilmastonmuutoksen riskejä sisältävien sijoitusten kanssa on oltava varovaisia.

Osakesijoittajan on myös syytä seurata yritysten vastuullisuutta ja toimintaa ympäristönäkökulmasta. Sijoittajan kannattaa tutustua yritysten ympäristöraportteihin ja selvittää niiden toiminnan vaikutukset ympäristöön.

Ilmastonmuutos on megatrendi, joka vaikuttaa laajasti yhteiskuntaan ja talouteen. Osakesijoittajan on syytä ottaa huomioon sen vaikutukset sijoitustoimintaan ja hyödyntää mahdollisuudet, joita se tarjoaa.

7.3 Teknologian kehityksen haasteet

Teknologian nopea kehitys on muuttanut ja tulee jatkossakin muuttamaan monia toimialoja ja liiketoimintamalleja. Tämä vaikuttaa myös osakesijoittamiseen, sillä teknologian kehitys luo uusia mahdollisuuksia, mutta samalla se tuo mukanaan riskejä ja haasteita. Tässä luvussa käsitellään teknologian kehityksen haasteita osakesijoittamisessa ja miten niitä voi huomioida sijoituspäätöksiä tehdessä.

Teknologian kehitys on nopeaa ja jatkuvaa. Uusia teknologioita ja innovaatioita syntyy jatkuvasti, ja vanhat teknologiat muuttuvat nopeasti vanhentuneiksi. Tämä tarkoittaa, että sijoittajan on pysyttävä jatkuvasti ajan tasalla teknologian kehityksen suunnasta ja sen vaikutuksista eri toimialoihin. On tärkeää seurata teknologian kehityksen trendejä ja ymmärtää, miten ne voivat vaikuttaa yritysten liiketoimintaan ja kannattavuuteen.

Uusien teknologioiden kehittäminen ja markkinoille tuominen on usein riskialtista ja epävarmaa. Monet uudet teknologiat eivät koskaan saavuta kaupallista menestystä, ja investoinnit niihin voivat johtaa merkittäviin tappioihin. Sijoittajan onkin arvioitava tarkasti uusien teknologioiden ja yritysten riskejä ja mahdollisuuksia ennen sijoituspäätöksen tekemistä.

Teknologian kehitys luo uusia mahdollisuuksia, mutta samalla se houkuttelee myös uusia kilpailijoita. Monilla toimialoilla kilpailu onkin jo nyt erittäin kovaa, ja uusia markkinoille tulevia kilpailijoita on odotettavissa. Sijoittajan onkin seurattava tarkasti kilpailutilannetta ja arvioitava, miten uudet kilpailijat voivat vaikuttaa yrityksen liiketoimintaan ja kannattavuuteen.

Teknologian nopea kehitys tarkoittaa myös sitä, että sijoittajan on oltava nopea reagoimaan markkinatilanteisiin. Uudet teknologiat ja innovaatiot voivat nopeasti muuttaa toimialojen ja yritysten kilpailutilannetta, ja sijoittajan onkin seurattava markkinoita aktiivisesti ja reagoitava

8. Uudet sijoitustrendit ja mahdollisuudet

Sijoitustrendit ja mahdollisuudet muuttuvat jatkuvasti teknologian, talouden ja yhteiskunnan kehittyessä. Tämän päivän sijoittajat etsivät uusia tapoja hajauttaa riskiään ja saavuttaa korkeampia tuottoja. Osakesijoittajat ovat myös yhä kiinnostuneempia tekoälyyn ja koneoppimiseen perustuvista sijoitusstrategioista, jotka käyttävät suuria tietomääriä ja algoritmeja ennustamaan markkinoiden liikkeitä. Tämä voi tarjota sijoittajille mahdollisuuden saavuttaa korkeampia tuottoja kuin perinteisillä sijoitusstrategioilla.

Uusien sijoitustrendien ja mahdollisuuksien löytäminen vaatii kuitenkin aina huolellista tutkimusta ja arviointia. Sijoittajien tulee ymmärtää sijoitustensa riskejä ja olla valmiita tekemään asianmukaista due diligence -tutkimusta ennen kuin he sijoittavat uusiin ja innovatiivisiin sijoitusmahdollisuuksiin.

Vastuullinen sijoittaminen on kasvanut suosiota viime vuosina, on. Tämä tarkoittaa sijoittamista yrityksiin, jotka edistävät kestävää kehitystä ja ottavat huomioon ympäristöön, yhteiskuntaan ja hallintoon liittyvät tekijät. Kestävän kehityksen yrityksillä nähdään olevan tulevaisuudessa paremmat mahdollisuudet menestyä.

Toinen merkittävä uusi sijoitustrendi on impact -sijoittaminen, jossa sijoitukset kohdistetaan sosiaaliseen ja ympäristölliseen vaikutukseen. Tämä voi sisältää sijoituksia yrityksiin, jotka tarjoavat innovatiivisia ratkaisuja yhteiskunnan haasteisiin, kuten ilmastonmuutokseen ja köyhyyteen.

Digitalisaatio ja tekoäly megatrendinä tarjoaa monia mahdollisuuksia sijoittajille tulevaisuudessa. Tietotekniikan kehitys ja digitaalisten palveluiden kasvu ovat mullistaneet perinteisiä liiketoimintamalleja, ja samalla luoneet uusia sijoituskohteita. Esimerkiksi kryptovaluutat ovat tarjoavat sijoittajille mahdollisuuden osallistua hajautettuihin rahajärjestelmiin. Lohkoketjuteknologian ja kryptovaluuttojen käyttöönotto mahdollistaa uusien yritysten ja palvelujen syntymisen, jotka voivat tarjota uusia sijoitusmahdollisuuksia.

Teknologiayritykset, jotka tarjoavat esimerkiksi tekoälyyn, robotiikkaan tai pilvipalveluihin liittyviä palveluita, ovat potentiaalisia sijoituskohteita. Nämä yritykset voivat hyötyä digitalisaation tuomista mahdollisuuksista, kuten datan tehokkaasta hyödyntämisestä ja skaalautuvasta liiketoimintamallista. Kuluttajille suunnatut digitaaliset palvelut, kuten verkkokaupat, musiikin suoratoistopalvelut tai mobiilipelit, ovat kasvava markkina. Tämä tarjoaa sijoittajille mahdollisuuden sijoittaa esimerkiksi näiden palveluiden kehittäjiin tai ylläpitäjiin.

Digitaalinen ympäristö tuo myös haasteita, kuten tietomurtojen ja haittaohjelmien uhkan. Kyberturvallisuus on siksi tärkeä alue, jossa on potentiaalia sijoittaa. Kyberturvallisuusalan yritykset voivat tarjota ratkaisuja tietoturvaongelmiin ja auttaa yrityksiä suojaamaan digitaalisia järjestelmiään.

Digitalisaation myötä myös itse Reaktioaikasijoituspalvelut ovat kehittyneet. Esimerkiksi sijoitussovellukset tai online - sijoitusalustat ovat yleistyneet. Sijoittajat voivat hyötyä näistä palveluista helpottamalla sijoitusten hallintaa ja lisäämällä sijoitusmahdollisuuksia. Liiketoiminnan automatisointi on yhä suositumpaa.

Yritykset pyrkivät tehostamaan toimintaansa ja vähentämään kustannuksiaan automatisoimalla rutiinitoimintoja. Sijoitusmahdollisuudet voivat olla esimerkiksi yritykset, jotka tarjoavat automaatio- ja robotiikka teknologioita yrityksille, tai yritykset, jotka hyödyntävät automaatiota tehostaakseen omaa toimintaansa.

Tulevaisuuden energiantuotantoratkaisut ovat kuuma puheenaihe ja merkittävä megatrendi kun halutaan pois fossiilisten energialähteiden käytöstä. Fuusioenergia, ovat erittäin lupaavia teknologioita, jotka voivat vähentää merkittävästi fossiilisten polttoaineiden käyttöä ja tarjota lähes rajattomia energialähteitä. Sijoittajille tämä avaa mahdollisuuksia esimerkiksi yrityksiin, jotka kehittävät fuusioenergiateknologiaa tai tukevat sen käyttöönottoa. Toisaalta myös vetytalous on kiinnostava vaihtoehto, jossa uusiutuvan energian avulla voidaan tuottaa vetyä sekä muita hiilivetytuotteita ilmassa olevasta hiilidioksidista. Nämä uudet energiaratkaisut ovat jo nyt kiinnostaneet suurta yleisöä ja sijoittajia ympäri maailmaa, joten tulevaisuudessa niiden merkitys tulee vain kasvamaan.

Kaupungistuminen on yksi kasvava megatrendi, koska yhä useammat ihmiset muuttavat kaupunkeihin etsimään työmahdollisuuksia ja parempaa elämänlaatua. Sijoitusmahdollisuudet voivat olla esimerkiksi kiinteistökehitysyritykset, jotka investoivat kaupunkialueiden kehittämiseen, tai yritykset, jotka tukevat kaupunkien kasvua ja kehitystä.

Väestön ikääntyminen on kasvava megatrendi, kun ihmiset elävät pidempään ja tarvitsevat enemmän terveydenhuollon palveluja ja ikääntyneille suunnattuja tuotteita. Sijoitusmahdollisuudet voivat olla esimerkiksi terveydenhuoltoyritykset, jotka tarjoavat ikääntyneille suunnattuja palveluja, tai yritykset, jotka kehittävät innovatiivisia teknologioita, jotka auttavat vanhuksia pysymään aktiivisina ja itsenäisinä.

Globaalisaatio on yhä merkittävämpi megatrendi, kun yritykset etsivät uusia markkinoita ja mahdollisuuksia ympäri maailmaa. Sijoitusmahdollisuudet voivat olla esimerkiksi kansainväliset yritykset, jotka toimivat useilla eri markkinoilla, tai yritykset, jotka tarjoavat globaaleja palveluja ja tuotteita.

8.1 Kryptovaluutat ja lohkoketjuteknologia

Kryptovaluutat voivat tarjota tiettyä anonymiteettiä käyttäjilleen. Tämä ominaisuus tekee niistä houkuttelevia rikollisille, jotka voivat käyttää niitä laittomiin tarkoituksiin, kuten rahanpesuun ja veropetoksiin. Tämä on yksi syy siihen, miksi kryptovaluuttojen sääntely on tullut entistä tärkeämmäksi.

On mahdollista, että tulevaisuudessa kryptovaluuttojen käyttöä voidaan vaikeuttaa tai estää lainsäädännön kautta. Joitakin maita on jo ryhtynyt toimenpiteisiin kryptovaluuttojen sääntelyn tiukentamiseksi ja rajoittamiseksi. Tämä voi vaikuttaa kryptovaluuttojen arvoon ja käyttöön merkittävästi.

On kuitenkin tärkeää huomata, että kryptovaluuttojen potentiaali ei rajoitu vain niiden anonymiteettiin. Lohkoketjuteknologialla on laajemmat sovellusmahdollisuudet ja sen odotetaan muuttavan monia perinteisiä toimialoja tulevaisuudessa. Sijoittajien onkin tärkeää tarkastella kryptovaluuttojen ja lohkoketjuteknologian kokonaiskuvaa ennen sijoituspäätöksen tekemistä.

Sijoittajien on myös tärkeää tiedostaa mahdolliset riskit, jotka liittyvät kryptovaluuttojen käyttöön rikollisiin tarkoituksiin. Yksi huomion arvoinen asia on myös se että valuutat sekä raaka-aineet mukaan lukien kulta, eivät itsessään tuota lisäarvoa kuten yritys tuottaa vaan niiden arvostus perustuu täysin tai ainakin lähes täysin spekulatiiviseen arvoon. Sijoittajien onkin syytä harkita huolellisesti riskejä ja mahdollisuuksia ennen kuin he sijoittavat kryptovaluuttoihin tai lohkoketjuteknologiaan liittyviin yrityksiin.

8.1.1 Vaikutukset sijoitusmarkkinoihin

Kryptovaluutoilla on jo nyt merkittävä vaikutus sijoitusmarkkinoihin, ja niiden vaikutus kasvaa edelleen. Yksi tapa, jolla kryptovaluutat vaikuttavat sijoitusmarkkinoihin, on niiden arvon vaihtelu. Kryptovaluuttojen arvo on erittäin volatiili ja niiden arvo voi muuttua nopeasti jopa päivittäin. Tämä voi vaikuttaa sijoittajien luottamukseen markkinoihin ja vaikuttaa muiden sijoitusluokkien, kuten osakkeiden ja joukkovelkakirjojen, hintoihin.

Kryptovaluuttojen käyttöönotto ja kehitys voivat myös vaikuttaa perinteisiin rahoituslaitoksiin, kuten pankkeihin ja vakuutusyhtiöihin. Esimerkiksi lohkoketjuteknologia mahdollistaa hajautetun tietokannan, joka voi korvata perinteiset tietojärjestelmät ja helpottaa esimerkiksi pankkien välisiä siirtoja. Tämä voi johtaa perinteisten pankkien ja muiden rahoituslaitosten roolin heikkenemiseen ja uusien, kryptovaluuttoihin ja lohkoketjuteknologiaan erikoistuneiden yritysten kasvuun.

Toinen tapa, jolla kryptovaluutat vaikuttavat sijoitusmarkkinoihin, on se, että ne tarjoavat uusia sijoitusmahdollisuuksia. Kryptovaluuttoihin ja lohkoketjuteknologiaan liittyvät yritykset voivat tarjota sijoittajille mahdollisuuden osallistua kasvavaan markkinaan ja saavuttaa korkeampia tuottoja. Kryptovaluuttoihin liittyvät rahastot ja indeksit voivat myös tarjota sijoittajille helpon tavan hajauttaa riskiään ja saavuttaa alttiimpaa tuottoa.

On kuitenkin tärkeää huomata, että kryptovaluutat ovat erittäin volatiili sijoituskohde, ja sijoittajien tulisi arvioida riskiään ja mahdollisuuttaan huolellisesti ennen kuin sijoittavat niihin. Lisäksi kryptovaluuttoihin liittyvät tekniset ja turvallisuusriskit, kuten lohkoketjuteknologian haavoittuvuudet ja hakkerointi, voivat myös vaikuttaa sijoitusten turvallisuuteen ja kannattavuuteen.

8.2 Rahasto- ja ETF -sijoittaminen

Rahasto- ja ETF -sijoittaminen ovat suosittuja tapoja hajauttaa sijoituksiaan. Rahastot ja ETF:t (exchange -traded funds) ovat sijoitusrahastoja, jotka sijoittavat varoja useisiin eri osakkeisiin, joukkovelkakirjoihin, kiinteistöihin tai muihin sijoituskohteisiin. Sijoittajat voivat ostaa rahasto- tai ETF -osuuksia, jotka edustavat omistusta koko rahastoon.

Rahastot ja ETF:t tarjoavat sijoittajille mahdollisuuden hajauttaa riskiään. Koska rahasto tai ETF sijoittaa varoja useisiin eri sijoituskohteisiin, sijoittajan ei tarvitse asettaa kaikkia munia yhteen koriin. Hajauttaminen vähentää riskiä, koska yhden sijoituskohteen huono tulos ei vaikuta koko sijoitukseen yhtä paljon.

Rahastot ja ETF:t ovat myös helppoja tapoja sijoittaa erilaisiin omaisuusluokkiin. Esimerkiksi osakerahasto sijoittaa varoja useisiin eri osakkeisiin, kun taas joukkovelkakirjarahasto sijoittaa varoja joukkovelkakirjoihin. Kiinteistörahastot sijoittavat varoja kiinteistöihin ja raaka-ainerahastot sijoittavat varoja erilaisiin raaka-aineisiin.

ETF:t ovat erityisen suosittuja, koska niitä voidaan ostaa ja myydä pörssissä samalla tavalla kuin yksittäisiä osakkeita. Tämä tarkoittaa, että sijoittajat voivat ostaa ja myydä ETF-osuuksia milloin tahansa pörssin aukioloaikoina. Tämä antaa sijoittajille mahdollisuuden saada likviditeettiä sijoituksilleen nopeasti, jos he tarvitsevat rahaa.

Rahastot ja ETF:t tarjoavat myös ammattimaisen salkunhoitajan, joka hallinnoi varoja ja tekee sijoituspäätöksiä. Tämä voi olla hyödyllistä sijoittajille, jotka eivät ole asiantuntijoita tietyissä omaisuusluokissa tai sijoituskohteissa. Salkunhoitajat tekevät jatkuvaa analyysia ja seuraavat markkinoiden liikkeitä, jotta voivat tehdä parempia päätöksiä varojen sijoittamisesta.

On kuitenkin tärkeää huomata, että rahastot ja ETF:t eivät ole riskittömiä sijoituksia ja niissä on tiettyjä kuluja jotka vaikuttavat sijoituksen tuottoon. Kuten kaikki sijoitukset, ne voivat aiheuttaa tappioita, jos sijoituskohteiden arvot laskevat.

8.3 Vastuullinen sijoittaminen

Vastuullinen sijoittaminen on noussut viime vuosina yhä tärkeämmäksi osaksi osakesijoittamista. Vastuullinen sijoittaminen tarkoittaa sijoittamista yrityksiin, jotka huomioivat ympäristön, sosiaalisen vastuun ja hyvän hallintotavan näkökulmat. Tässä luvussa käsitellään vastuullisen sijoittamisen perusteita ja sen vaikutuksia osakesijoittamisen kentässä.

Ympäristövastuullisuus on yksi tärkeimmistä vastuullisen sijoittamisen näkökulmista. Yritykset, jotka ovat vastuullisia ympäristöasioissa, vähentävät merkittävästi riskejä ja tuottavat pitkäaikaista arvoa sijoittajille. Esimerkiksi uusiutuvan energian yritykset voivat olla hyviä sijoituskohteita, sillä ne edistävät ilmastotavoitteita ja voivat samalla olla tuottoisia.

Sosiaalinen vastuu tarkoittaa yrityksen vastuuta yhteiskunnasta ja sen jäsenistä. Yritykset, jotka ovat sosiaalisesti vastuullisia, edistävät esimerkiksi ihmisoikeuksia, tasa-arvoa ja yhdenvertaisuutta. Vastuullisesti toimivat yritykset voivat vähentää riskejä, jotka liittyvät esimerkiksi lakikanteisiin ja maineen menettämiseen.

Hyvä hallintotapa tarkoittaa yrityksen hallinto- ja johtamiskäytäntöjä. Yritykset, jotka noudattavat hyviä hallintotapoja, ovat läpinäkyviä, vastuullisia ja toimivat tehokkaasti. Tällaiset yritykset ovat usein myös tuottoisampia kuin ne, jotka eivät noudattaa hyviä hallintotapoja.

Vastuullinen sijoittaminen voi edistää yhteiskunnallisia tavoitteita ja vaikuttaa positiivisesti ympäristöön. Kun sijoittajat tukevat vastuullisesti toimivia yrityksiä, ne voivat olla mukana edistämässä esimerkiksi kestävän kehityksen tavoitteita.

Vastuullinen sijoittaminen ei ole ristiriidassa tuoton tavoittelun kanssa. Päinvastoin, tutkimukset ovat osoittaneet, että vastuullisesti toimivat yritykset voivat olla jopa tuottoisampia kuin vastuuttomat yritykset. Lisäksi vastuullinen sijoittaminen voi vähentää sijoitusriskiä, sillä vastuullisesti toimivat yritykset ovat usein vakaampia ja kestävämpiä pitkällä aikavälillä.

Vastuullisen sijoittamisen käytännön toteutukseen liittyvät ESG -kriteerit (Environment, Social, Governance). Nämä kriteerit auttavat sijoittajia arvioimaan yritysten vastuullisuutta ympäristön, sosiaalisen vastuun ja hallintotavan näkökulmista. Sijoittajat voivat käyttää ESG -kriteereitä valitessaan sijoituskohteita ja arvioidessaan niiden kestävyyttä ja riskiä.

Vaikuttavuussijoittaminen on vastuullisen sijoittamisen edistyneempi muoto, jossa sijoitetaan yrityksiin ja hankkeisiin, jotka tavoittelevat erityisiä yhteiskunnallisia tavoitteita. Vaikuttavuussijoittaminen voi olla esimerkiksi köyhyyden vähentämiseen tai kestävän kehityksen tavoitteiden edistämiseen tähtäävää.

Yhteenvetona voidaan todeta, että vastuullinen sijoittaminen on tärkeä osa nykyaikaista osakesijoittamista. Vastuullisesti toimivien yritysten tukeminen voi olla hyväksi niin sijoittajalle kuin yhteiskunnallekin. ESG -kriteerit ja vaikuttavuussijoittaminen tarjoavat käytännön työkaluja vastuullisen sijoittamisen toteuttamiseen.

8.4 Vihreä sijoittaminen

Vihreä sijoittaminen on yhä tärkeämpi osa sijoituskenttää, kun ympäristötietoisuus kasvaa ympäri maailman. Vihreän sijoittamisen avulla sijoittajat voivat olla mukana tukemassa yrityksiä, jotka toimivat ympäristön hyväksi ja edistävät kestävää kehitystä.

Vihreä sijoittaminen voi tarkoittaa monia eri asioita. Esimerkiksi sijoittajat voivat valita yrityksiä, jotka käyttävät uusiutuvia energialähteitä, kuten aurinko- ja tuulivoimaa, tai välttävät fossiilisten polttoaineiden käyttöä. He voivat myös valita yrityksiä, jotka edistävät energiatehokkuutta tai kierrätystä.

Vihreä sijoittaminen ei kuitenkaan tarkoita sitä, että sijoittajan täytyy tinkiä tuotosta. Itse asiassa vihreät sijoitukset voivat olla hyvin kannattavia. Tutkimukset osoittavat, että yritykset, jotka ovat sitoutuneet kestävään kehitykseen, ovat usein myös taloudellisesti menestyviä.

Vihreä sijoittaminen tarjoaa myös mahdollisuuden vaikuttaa yritysten toimintaan. Sijoittajat voivat käyttää vaikutusvaltaansa äänestämällä osakkeenomistajien kokouksissa tai keskustelemalla yritysten johtajien kanssa ympäristöasioista. Tällainen vaikuttaminen voi edistää kestävää kehitystä ja ympäristöystävällisempää toimintaa.

Vihreä sijoittaminen on myös kasvava markkina. Yritykset ovat yhä enemmän tietoisia ympäristövastuustaan ja alkavat tehdä toimia sen edistämiseksi. Monet sijoitusrahastot ja ETF:t ovat myös alkaneet keskittyä vihreisiin sijoituksiin tarjotakseen sijoittajille mahdollisuuden sijoittaa vastuullisesti.

On kuitenkin tärkeää, että sijoittajat tekevät huolellisen tutkimuksen ennen kuin tekevät vihreitä sijoituksia. Jotkut yritykset voivat väittää olevansa ympäristöystävällisiä, mutta eivät välttämättä täytä todellisuudessa kestävän kehityksen kriteerejä. Sijoittajien tulisi tarkastella yritysten ympäristöraportteja ja muita vastuullisuusraportteja varmistaakseen, että ne toimivat todella ympäristön hyväksi.

8.5 IPO -sijoittaminen

IPO -sijoittaminen tarkoittaa osallistumista yrityksen ensimmäiseen julkiseen osakeantiin eli Initial Public Offeringiin. Tällöin yhtiö listataan pörssiin ja sen osakkeita myydään yleisölle ensimmäistä kertaa. IPO -sijoittaminen voi tarjota mahdollisuuden suuriin voittoihin, mutta samalla se on myös varsin riskialtista.

IPO -sijoittamisessa yleensä ostetaan osakkeita ennen pörssilistautumista tai heti listautumisen yhteydessä. Tämä tarkoittaa sitä, että sijoittaja ottaa riskin yrityksen tulevaisuuden menestyksestä. Yhtiöiden listautumiset voivat olla erittäin suosittuja ja niiden osakkeet voivat nousta nopeasti pörssilistautumisen jälkeen. Tämä johtuu usein siitä, että yhtiöiden osakkeet ovat erittäin haluttuja ja niiden tarjonta on alussa rajallista.

IPO -sijoittaminen edellyttää yleensä sijoittajalta tarkkaa seurantaa ja tutkimusta. Ennen sijoituspäätöksen tekemistä on tärkeää tutustua tarkasti yrityksen liiketoimintaan, taloudellisiin lukuja sekä tulevaisuuden näkymiin. Usein yritykset julkaisevat tietojaan esimerkiksi yrityksen virallisilla verkkosivuilla ja osakeantiin liittyvässä dokumentaatiossa, jota kutsutaan esitteeksi.

IPO -sijoittaminen ei sovi kaikille sijoittajille, sillä se on hyvin riskialtista ja edellyttää tarkkaa seurantaa ja tutkimusta. Sijoittajan on myös hyvä muistaa, että osakkeiden hinnat voivat vaihdella merkittävästi lyhyessä ajassa, joten sijoitus tulisi aina tehdä harkiten ja omien taloudellisten tavoitteiden mukaisesti.

9. Osakkeet kiinteän sijoitusomaisuuden vaihtona

Monet sijoittajat käyttävät osakkeita myös kiinteän sijoitusomaisuuden vaihtona, sillä ne tarjoavat mahdollisuuden hajauttaa sijoituksia eri omaisuusluokkiin.

Yksi esimerkki on kiinteistösijoitusyhtiöt, jotka omistavat kiinteistöjä, kuten toimistorakennuksia, asuntoja ja kauppakeskuksia. Näiden yhtiöiden osakkeet tarjoavat sijoittajille mahdollisuuden omistaa kiinteistöjä ja saada niiden vuokratuottoja.

Lisäksi on olemassa REIT -yhtiöitä (Real Estate Investment Trusts), jotka ovat erikoistuneet kiinteistöjen omistamiseen ja hallinnoimiseen. Nämä yhtiöt tarjoavat sijoittajille mahdollisuuden omistaa kiinteistöjä ja saada niiden vuokratuottoja ilman suurta omaisuudenhoitoon liittyvää vaivaa.

Toinen esimerkki kiinteän sijoitusomaisuuden vaihdosta on metsää omistavat yhtiöt. Tällaiset yhtiöt omistavat metsiä, jotka tuottavat säännöllisiä tuloja puukauppojen ja metsänhoidon kautta. Sijoittajat voivat ostaa osakkeita näistä yhtiöistä ja saada osan niiden tuotoista.

Infrastruktuuriyhtiöt ovat yrityksiä, jotka omistavat ja hallinnoivat infrastruktuuria, kuten moottoriteitä, siltoja, lentokenttiä, satamia ja vesihuoltojärjestelmiä. Infrastruktuuriyhtiöt tarjoavat vakaata kassavirtaa ja ovat suosittuja pitkäaikaisten sijoittajien keskuudessa.

Johdannaisten avulla sijoittaminen hyödykkeisiin, kuten kahviin, öljyyn, kultaan ja muihin metalli- ja mineraalituotteisiin sekä viljaan, on myös yksi tapa käyttää osakkeita kiinteän sijoitusomaisuuden vaihdossa. Sijoittajat voivat ostaa johdannaisia, kuten futuureita ja optioita, näiden hyödykkeiden hintojen vaihteluiden hyödyntämiseksi ja tuottojen saavuttamiseksi.

9.1 Osakesijoittaminen asuntosijoituskohteisiin

Osakesijoittaminen asuntosijoituskohteisiin on yksi tapa sijoittaa kiinteistömarkkinoille ilman, että tarvitsee ostaa kiinteistöä suoraan. Tämä sijoitusstrategia mahdollistaa pääsyn kiinteistömarkkinoille ja mahdollisuuden hyötyä kiinteistöjen arvonnoususta sekä vuokratuotoista.

Osakesijoittaminen asuntosijoituskohteisiin tapahtuu yleensä kiinteistörahastojen tai kiinteistöosakeyhtiöiden kautta. Kiinteistörahastot keräävät varoja useilta sijoittajilta ja sijoittavat ne kiinteistöihin. Sijoittajat saavat osuuksia rahastosta ja hyötyvät sen tuotoista, kuten vuokratuotoista ja arvonnoususta. Kiinteistöosakeyhtiöt ovat puolestaan pörssissä noteerattuja yhtiöitä, jotka omistavat ja hallinnoivat kiinteistöjä. Sijoittajat voivat ostaa näiden yhtiöiden osakkeita ja hyötyä niiden tuotoista.

Osakesijoittaminen asuntosijoituskohteisiin tarjoaa useita etuja. Yksi tärkeimmistä eduista on sijoittajan hajautusmahdollisuus. Sijoittaja voi hajauttaa sijoituksensa useisiin kiinteistöihin eri alueilla, mikä vähentää riskiä yksittäisen kiinteistön arvon laskusta, remonttikustannuksista tai ongelmista vuokralaisten kanssa.

Toinen etu on likviditeetti. Osakesijoittaminen asuntosijoituskohteisiin mahdollistaa helpomman likviditeetin kuin suoraan kiinteistöihin sijoittaminen. Sijoittajat voivat myydä osuuksiaan kiinteistörahastoista tai osakkeitaan kiinteistöosakeyhtiöistä pörssissä.

Osakesijoittaminen asuntosijoituskohteisiin tarjoaa myös sijoittajalle mahdollisuuden hyötyä kiinteistöjen arvonnoususta. Kiinteistöjen arvot voivat nousta ajan myötä, mikä johtaa sijoittajan sijoituksen arvon kasvuun.

Toisaalta osakesijoittaminen asuntosijoituskohteisiin sisältää myös riskejä. Kiinteistörahastot ja kiinteistöosakeyhtiöt voivat kärsiä taloudellisista vaikeuksista, jolloin sijoittajan sijoitus voi menettää arvoa.

Kuitenkin jos vertaa suoraan asuntosijoittamiseen on riskit paljon paremmin hallussa hajautuksen avulla ja myöskään ylimääräistä työtä sijoittamisesta ei aiheudu.

Suoriin asuntosijoituskohteisiin liittyvät riskit paljon riskejä mutta tietenkin myös mahdollisuuksia. Merkittäviä riskejä aiheuttavat mm. huonot vuokralaiset ja asuntoon liittyvät yllättävät kustannukset. Suorassa asuntosijoittamisessa on myös paljon mahdollisuuksia mutta riskit ovat isoja. Esimerkiksi vesivahingot voivat aiheuttaa isoja kustannuksia ja vuokratuottojen menetyksiä. Myös vuokralaisten vaihtuminen voi aiheuttaa tyhjiä kuukausia jolloin vuokra tuottoja ei kerry, mutta kustannukset kyllä juoksee jatkuvasti.

Yhtenä potentiaalisena riskinä on myös se jos kohdalle sattuu huonoja vuokralaisia, voi heidän toiminnasta aiheutua ongelmia taloyhtiössä sekä pahimmassa tapauksessa isoja aineellisia vahinkoja asunnossa ja taloyhtiössä. Mikäli vuokralainen toiminnallaan saa asunnon remonttikuntoon ja pahimmillaan aiheuttaa merkittäviä vahinkoja esimerkiksi vesivahingon muodossa ovat aiheutuvat kustannukset isoja. Korvauksen saaminen vuokralaiselta voi olla vaikeaa tai mahdotonta. Vaikka vuokralaiselta vaatisi kotivakuutusta ja vastuuvakuutusta ei voi olla varmuutta että vuokralainen pitää vakuutuksen voimassa tai että korvauksia niistä maksettaisiin. Vuokranantaja näitä vakuutuksia vuokralaisen puolesta ei voi ottaa.

Asuntosijoittamisessa on kyllä myös monia etuja kuten hyvä vakuusarvo, jolloin lainaa saa ison osan asunnon arvosta ja oman pääoman tarve on suhteellisen pieni. Tämä mahdollistaa sen että oman pääoman tuottoprosentti nouseen helposti melko hyväksi. Toisaalta riskejä liittyy tällöin paljon vakuusarvoihin ja lainan korkotasoon liittyen. Suoralla asuntosijoittamisella pystyy myös halutessaan helposti työllistämään itse itsensä osapäiväisesti tai jopa kokopäiväisesti, jolloin myös pääsee helposti parempaan tuottoon.

Jos on kätevä käsistään ja voi tehdä paljon asuntoihin liittyviä pieniä asioita itse. Vuokra asuntoihin liittyy paljon huolto- ja kunnossapitotöitä, joissa itse tekemällä voi säästää isoja summia ja saada täten myös pienellä rahalla sijoituskohteelle arvonnousua sekä edellytyksiä isommalle vuokralle. Myös vuokralaisten etsiminen itse ja vuokrasopimusten laatiminen itse voi säästää merkittäviä summia, mikäli tietää mitä tekee. Moni kuitenkin ulkoistaa kaikki tai ainakin osan tehtävistä ammattilaisille, koska esim. palkkatöiden ja kiireisen arjen ohessa aina tarvittaessa saatavilla oleminen ja pienten handyman töiden hoitaminen eri kohteissa on hankalaa tai mahdotonta vaikka kohteet olisivatkin samassa kaupungissa.

Osakesijoittaminen asuntosijoituskohteisiin on siis yksi tapa sijoittaa kiinteistöihin ilman huonoa likviditeettiä ja suoran omistuksen riskejä sekä työtä ja vaivannäköä.

9.2 REIT -yhtiöt

REIT (Real Estate Investment Trust) on sijoitusyhtiö, joka omistaa ja hallinnoi kiinteistöjä ja jakaa osan tuotoistaan osakkeenomistajilleen osinkoina. REIT -yhtiöt ovat suosittuja sijoituskohteita, sillä ne tarjoavat sijoittajille mahdollisuuden omistaa kiinteistöjä ilman suuria pääomapanostuksia.

REIT -yhtiöt voivat erikoistua eri kiinteistötyyppeihin, kuten toimistokiinteistöihin, asuinkiinteistöihin, kauppakiinteistöihin tai teollisuuskiinteistöihin. REIT -yhtiöt voivat myös sijoittaa kiinteistöjen lisäksi muihin kiinteistöihin liittyviin sijoituksiin, kuten kiinteistökehitykseen, rahoitukseen tai hallinnointiin.

REIT -yhtiöiden osakkeet ovat yleensä helposti ostettavissa ja myytävissä pörssissä, mikä tekee niistä likvidejä sijoituskohteita. Lisäksi REIT -yhtiöt ovat velvoitettuja jakamaan vähintään 90% nettotuotoistaan osakkeenomistajilleen osinkoina, mikä tekee niistä houkuttelevia sijoituksia tuottohakuisille sijoittajille.

On kuitenkin tärkeää muistaa, että REIT -yhtiöt voivat olla alttiita kiinteistömarkkinoiden ja korkojen vaihteluille, mikä voi vaikuttaa niiden osakkeiden arvoon. Lisäksi REIT -yhtiöiden osinkotuotto voi vaihdella ja olla alttiita muutoksille markkinaolosuhteiden ja yhtiön taloudellisen tilanteen mukaan.

9.3 Osakesijoittaminen metsäkohteisiin

Monesti sijoittamista metsään pidetään hyvänä ja vakaana sijoitusmuotona, joskin prosentuaalinen vuosituotto ja yleensä hyvinkin maltilliseksi. Jos ostaa metsätilan niin kyseessä on kiinteä omaisuus, jolla on kohtuullisen hyvä vakuusarvo.

Metsän hoito aiheuttaa kustannuksia ja paljon vaivaa varsinkin metsätilan päätehakkuun jälkeisissä vaiheissa. Taimikon perustaminen ja ensimmäiset harvennukset aiheuttavat ainoastaan kustannuksia. Vasta myöhemmissä harvennusvaiheissa voi kustannusten jälkeen jäädä jotain tuottoakin. Kuitenkin metsän hoidosta aiheutuu kustannuksia ja metsän tuotot monesti pääsee lunastamaan päätehakkuun muodossa kymmenien vuosien päästä ja mahdollisesti vasta seuraava sukupolvi saa nauttia sijoituksen hedelmistä. Tietenkin tilanne on eri jos hankkii metsää jossa ainakin osa metsästä on uudistamisvaiheessa. Että metsästä saisi kunnon tuoton täytyy uudistettavan lohkon tai lohkojen olla riittävän isoja, että ne kiinnostavat metsäyhtiötä ja puun myynnistä saa kunnollisen hinnan.

Metsäsijoitus ei ole myöskään riskitön sijoitus, kun huomioi esim. maastopalot, myrskyt, taudit sekä mm. mahdolliset pakkolunastukset erinäisistä syistä. Metsävakuutukset on yleensä hinnoiteltu erittäin kalliiksi ja niistä saatavat korvaukset ovat rajallisia. Ainakin tällä hetkellä pienet metsätilat on niin korkealle hinnoiteltuja ettei niiden hankinta ole muutenkaan oikein perusteltua sijoitusmielessä. Monet ostavatkin juuri harraste- ja virkistysmetsiä, jolloin hintaa ei välttämättä arvioida samoilla kriteereillä kuin sijoitusmielessä metsää ostettaessa. Usein metsänomistajiksi ajaudutaan perittyjen metsätilojen kautta ja tällöin metsään kohdistuu myös monesti reaaliarvon lisäksi tunnearvoa.

Osakkeiden kautta tapahtuva sijoittaminen metsäkohteisiin on yksi tapa hajauttaa sijoitussalkkua ja hyötyä metsäalan kasvavasta kysynnästä. Tämä sijoitusmuoto mahdollistaa sijoittajille mahdollisuuden hyötyä metsänomistuksen tuomasta arvonnoususta ilman, että heidän tarvitsee itse hallinnoida metsää tai huolehtia sen ylläpidosta. Tämä tapa sijoittaa metsään on erityisen houkutteleva niille, joilla ei ole mahdollisuutta tai halua hankkia omaa metsätilaa tai osuutta yhteismetsästä. Osakkeisiin sijoittamisen avulla sijoittajat voivat hajauttaa sijoituksiaan eri metsäkohteisiin, jotka voivat olla sijoitusyhtiöiden omistuksessa tai julkisesti noteerattujen metsäalan yritysten osakkeissa. Osakkeiden kautta sijoittaminen mahdollistaa myös hajautetun sijoitussalkun muodostamisen eri metsäyhtiöiden osakkeiden avulla. Suomesta ja maailmalta löytyy useita pörssiyhtiöitä jotka toimivat mm. puunjalostustoimialalla ja omistavat samalla ison metsäomaisuuden.

Osakkeiden kautta tapahtuva sijoittaminen metsäkohteisiin voi tarjota sijoittajille myös muita etuja. Esimerkiksi osakkeiden likviditeetti on korkea, joten sijoittajat voivat myydä osakkeitaan nopeasti ja helposti tarvittaessa. Lisäksi osakkeiden kautta sijoittaminen mahdollistaa sijoittajille pääsyn metsäalan tietoon ja asiantuntemukseen, jota he eivät ehkä muuten pystyisi hyödyntämään.

9.3.1 Esimerkkejä metsäyhtiöistä

Esimerkkejä metsäyhtiöistä, joiden osakkeiden kautta voi sijoittaa metsään, ovat esimerkiksi UPM -Kymmene, Stora Enso, Metsä Board, SCA, ja Greenheart Group ja Weyerhaeuser.

UPM -Kymmene on yksi maailman johtavista metsäteollisuusyrityksistä, joka valmistaa muun muassa paperia, kartonkia, sellua ja puutuotteita. Yhtiö omistaa noin 950 000 hehtaaria metsää ympäri maailman ja toimii kestävän metsätalouden periaatteiden mukaisesti.

Stora Enso on toinen merkittävä metsäteollisuusyritys, joka valmistaa muun muassa paperia, kartonkia, sellua, puutuotteita ja biomateriaaleja. Yhtiöllä on noin 2,6 miljoonaa hehtaaria metsää ympäri maailman ja se on sitoutunut kestävään metsänhoitoon.

Metsä Board puolestaan keskittyy kartonki- ja paperituotteiden valmistukseen. Yhtiöllä on noin 30 000 hehtaaria metsää ja se toimii kestävän metsänhoidon periaatteiden mukaisesti.

SCA on pohjoismainen metsäteollisuusyritys, joka valmistaa muun muassa paperia, kartonkia, sellua ja puutuotteita. Yhtiö omistaa noin 2,6 miljoonaa hehtaaria metsää, pääasiassa Ruotsissa.

Weyerhaeuser on yksi maailman suurimmista metsänomistajista ja sen liiketoimintaan kuuluu metsävarojen hallinta, puutuoteteollisuus sekä kiinteistöjen kehittäminen. Weyerhaeuserin merkittävyys metsänomistajana käy ilmi myös sen omistamien metsävarojen määrästä. Yhtiön metsävarat kattavat yli 22 miljoonaa hehtaaria Pohjois-Amerikassa, mikä tekee siitä yhden suurimmista yksityisistä metsänomistajista maailmassa. Tämä metsäomaisuus mahdollistaa yhtiön vahvan aseman puutuoteteollisuudessa ja kiinteistökehityksessä, mikä tuo lisäarvoa sen liiketoiminnalle ja osakkeenomistajille.

Osakkeiden kautta sijoittaminen tarjoaa siis mahdollisuuden hyötyä sekä yrityksen metsäomistuksesta että muista liiketoiminta-alueista. Samalla kuitenkin on tärkeää huomioida sijoitusriskit ja tutustua huolella yhtiön toimintaan ja strategioihin ennen sijoittamista.

On kuitenkin tärkeää huomata, että jokaisella yhtiöllä on oma riskiprofiilinsa ja sijoittajan on tärkeää tutustua huolella yhtiöiden toimintaan ja riskeihin ennen sijoittamista. Osakkeiden kautta sijoittaminen metsään sisältää aina riskejä, kuten markkinariskit ja yhtiökohtaiset riskit.

9.4 Sijoittaminen infrastruktuuriin

Infrastruktuuriyhtiöt ovat sijoituskohteita, jotka sijoittavat yleensä julkisiin rakenteisiin, kuten teihin, siltoihin, lentokenttiin, vesihuoltoon, sähköverkkoihin ja muihin vastaaviin kohteisiin. Nämä yhtiöt omistavat ja hallinnoivat usein erilaisia infrastruktuuriin liittyviä kohteita ja voivat saada tuloja esimerkiksi vuokraamalla tai myymällä infrastruktuuripalveluja.

Infrastruktuuriyhtiöiden sijoituskohteet ovat yleensä välttämättömiä yhteiskunnan toiminnan kannalta, mikä tekee niistä vakaita ja pitkäaikaisia sijoituksia. Infrastruktuuriyhtiöiden osinkotuotot ovat usein vakaita ja korkeita, sillä ne perustuvat pitkäaikaisiin sopimuksiin ja vuokrauksiin, joissa on usein säännellyt hinnat.

Infrastruktuuriyhtiöiden sijoitukset ovat yleensä defensiivisiä, mikä tarkoittaa, että ne eivät ole niin herkkiä taloudellisen syklin vaihteluille. Infrastruktuuriyhtiöt voivat olla myös hyödyllisiä inflaation torjunnassa, sillä niiden tulot ja voitot kasvavat usein inflaation mukana.

Infrastruktuuriyhtiöiden sijoittaminen voi kuitenkin olla riskialtista, sillä ne voivat olla alttiita muutoksille lainsäädännössä ja verotuksessa sekä mahdollisiin ympäristöriskeihin. On tärkeää tutkia tarkasti infrastruktuuriyhtiöiden liiketoimintamalleja ja riskejä ennen sijoittamista.

9.4.1 Esimerkkejä infrastruktuuriyhtiöistä

Suomessa ja pohjoismaissa perinteisiä pörssinoteerattuja infrastruktuuriyhtiöitä ovat teleoperaattorit, sähkön tuotanto ja jakeluyhtiöt sekä öljynjalostus.

Fortum: Suomalainen energiayhtiö, joka keskittyy uusiutuvaan energiaan, sähkönjakeluun ja kaukolämpöön. Yhtiö omistaa myös sähköverkkoja ja lämpöverkkoja.

Neste: Suomalainen öljy- ja kaasuyhtiö, joka on erikoistunut uusiutuvien polttoaineiden tuotantoon. Yhtiö omistaa myös useita terminaaleja ja satamia, joissa polttoaineita kuljetetaan.

Ørsted: Tanskalainen energiayhtiö, joka keskittyy uusiutuvan energian tuotantoon, erityisesti tuulivoimaan. Yhtiö omistaa useita tuulipuistoja ja on mukana useissa kansainvälisissä projekteissa.

Telia: Ruotsalainen telekommunikaatioyhtiö, joka tarjoaa laajan valikoiman palveluita, kuten internet -yhteyksiä, matkapuhelinpalveluita ja televisiopalveluita. Yhtiö omistaa myös useita tietoliikenneverkkoja.

Elisa: Suomalainen telekommunikaatioyhtiö. Yhtiö tarjoaa monipuolisia telekommunikaatiopalveluita, kuten laajakaistayhteyksiä, matkapuhelinpalveluita ja televisiopalveluita. Lisäksi Elisa on mukana useissa uusissa teknologiahankkeissa, kuten 5G -verkkojen kehityksessä. Elisa on myös tunnettu vahvasta taloudellisesta asemastaan ja osinkopolitiikastaan, joka houkuttelee monia sijoittajia.

DNA: Suomalainen teleoperaattori, joka tarjoaa laajan valikoiman matkapuhelin- ja kiinteän verkon palveluita, kuten internet -yhteyksiä ja televisiopalveluita. Yhtiö on erikoistunut matkapuhelinverkkojen kehittämiseen ja 5G -teknologiaan, mikä tekee siitä tärkeän toimijan Suomen telekommunikaatiomarkkinoilla. Norjalainen teleoperaattori Telenor omistaa tällä hetkellä DNA:n, mikä tekee DNA:sta houkuttelevan sijoituskohteen niille, jotka ovat kiinnostuneita Pohjoismaiden telekommunikaatiomarkkinoista.

TransAlta Renewables Inc: Kanadalainen uusiutuvan energian tuottaja, joka keskittyy tuulivoiman, aurinkoenergian ja vesivoiman tuotantoon. Yhtiö omistaa ja operoi useita energialaitoksia eri puolilla Kanadaa, Yhdysvaltoja ja Australiassa. TransAlta Renewables Inc on osa TransAlta - konsernia, joka on yksi Kanadan johtavista sähköntuottajista.

Pembina Pipeline: Yksi Kanadan suurimmista midstream - energiayhtiöistä, joka keskittyy nestemäisten hiilivetyjen kuljetukseen, varastointiin ja jalostukseen. Yhtiöllä on laaja verkosto putkistoja ja terminaaleja, jotka ulottuvat Kanadasta Yhdysvaltoihin. Pembina Pipeline tarjoaa myös luokkansa johtavia maakaasun käsittely- ja jalostuspalveluita.

American Tower REIT: Yhdysvaltalainen yhtiö, joka omistaa ja hallinnoi tukiasemien ja antennien infrastruktuuria eri puolilla maailmaa. Yhtiön asiakkaisiin kuuluvat esimerkiksi langattomat verkkoyhtiöt ja TV- ja radiotoimijat.

National Grid plc: Brittiläinen yhtiö, joka omistaa ja hallinnoi sähkö- ja kaasunjakeluverkkoja Isossa-Britanniassa ja Yhdysvalloissa. Yhtiö tarjoaa myös konsultointipalveluita ja on mukana useissa uusiutuvan energian hankkeissa.

Enbridge Inc.: Kanadalainen yhtiö, joka keskittyy energian kuljetusinfrastruktuurin omistamiseen ja hallintaan. Yhtiö omistaa ja hallinnoi öljy- ja kaasuputkistoja ja terminaaleja Pohjois-Amerikassa.

9.4.2 Sijoittaminen johdannaisten avulla hyödykkeisiin ja raaka-aineisiin

Johdannaiset ovat sopimuksia, joiden arvo perustuu jonkin toisen hyödykkeen, kuten osakkeiden tai raaka-aineiden nykyarvoon tai tulevaisuuden arvoon. Johdannaisten avulla sijoittajat voivat käydä kauppaa hyödykkeillä ja raaka-aineilla ilman, että heidän tarvitsee ostaa itse fyysisiä tuotteita.

Hyödykkeisiin ja raaka-aineisiin sijoittaminen voi olla hyvä tapa hajauttaa sijoitussalkkua, sillä nämä sijoituskohteet ovat usein matalasti korreloivia perinteisten osake- ja joukkovelkakirjamarkkinoiden kanssa. Hyödykkeet ja raaka-aineet voivat tarjota suojaa inflaatiota vastaan, sillä niiden hinnat voivat nousta, kun talouden yleinen hintataso nousee.

Hyödykkeet ja raaka-aineet ovat usein houkuttelevia sijoituskohteita, sillä niiden arvo voi nousta kysynnän ja tarjonnan mukaan. Kuitenkin on tärkeä huomata, että hyödykkeet ja raaka-aineet eivät itsessään tuota mitään, kuten yritykset tekevät. Niiden arvonmuutokset perustuvat enemmän spekulaatioihin ja markkinoiden trendeihin kuin todellisiin liiketoiminnan suorituksiin. Lisäksi hyödykkeiden ja raaka-aineiden hintoihin voivat vaikuttaa myös geopoliittiset riskit ja luonnonkatastrofit, jotka voivat vaikuttaa voimakkaasti niiden tarjontaan ja kysyntään. Siksi on tärkeää harkita huolellisesti riskejä ja hyötyjä ennen kuin sijoittaa johdannaisten avulla hyödykkeisiin ja raaka-aineisiin.

Johdannaisten avulla hyödykkeisiin ja raaka-aineisiin sijoittaminen voi kuitenkin olla riskialtista, sillä johdannaiset voivat olla monimutkaisia ja niiden arvo voi muuttua nopeasti markkinoiden muuttuessa. Lisäksi hyödykkeiden ja raaka-aineiden hinnat voivat olla alttiita voimakkaille hintavaihteluille, mikä voi aiheuttaa suuria tappioita sijoittajille. On tärkeää tehdä perusteellinen tutkimus ennen kuin aloittaa sijoittamisen johdannaisten avulla hyödykkeisiin ja raaka-aineisiin, ja harkita huolellisesti omia sijoitustavoitteita ja riskinsietokykyä.

10. Case -esimerkit

Osakesijoittamisessa on tärkeää oppia tuntemaan erilaisia yrityksiä ja menestyneitä sijoittajia, jotta voidaan oppia heidän strategioitaan ja päätöksentekoaan sekä soveltaa niitä omiin sijoituksiin. Tässä kappaleessa tarkastellaan muutamia case - esimerkkejä sekä yrityksistä että sijoittajista, jotka ovat menestyneet osakesijoituksillaan ja joiden kokemukset voivat auttaa ymmärtämään sijoitusmaailmaa paremmin. Esimerkkejä voidaan tarkastella eri näkökulmista, kuten yrityksen taloudellinen suorituskyky, liiketoimintastrategiat ja menestyneiden sijoittajien sijoitusfilosofiat. Lopulta tavoitteena on saada ideoita ja ajatuksia siitä, miten voi itse rakentaa menestyksekkään osakesijoitusstrategian.

10.1 Menestyvien sijoittajien strategiat

Menestyksen saavuttaminen sijoittamisessa ei ole helppoa ja vaatii paljon aikaa, kärsivällisyyttä ja tietoa. Menestyneet sijoittajat ovat vuosikymmenten aikana kehittäneet ja hioutuneet omia sijoitusstrategioitaan, joista osa on osoittautunut erityisen tehokkaiksi ja tuottoisiksi. Tässä luvussa käymme läpi näitä strategioita ja pyrimme selvittämään, miten voimme soveltaa niitä omaan sijoitustoimintaamme. Kirjan tavoitteena on auttaa lukijaa ymmärtämään menestyvien sijoittajien käyttämiä strategioita ja miten niitä voi soveltaa oman sijoitusportfolion hallinnassa. Lisäksi käsittelemme myös sijoittamisen perusasioita ja käytännön vinkkejä sijoittamiseen liittyvien riskien hallintaan. Kirja on suunnattu niin aloitteleville kuin kokeneemmillekin sijoittajille, jotka haluavat oppia lisää menestyksekkäästä sijoittamisesta ja kehittää omaa sijoitustoimintaansa.

10.1.1 Warren Buffet - Oraakkeli Omahasta ja sijoitusmaailman legenda

Warren Buffett on yksi maailman tunnetuimmista ja menestyneimmistä sijoittajista. Hän syntyi 30. elokuuta 1930 Omahassa, Nebraskassa, Yhdysvalloissa. Buffetin kiinnostus liiketoimintaan ja sijoittamiseen heräsi varhain. Jo lapsena hän osoitti liiketaloudellista silmää ja harjoitteli liiketoimintaa myymällä purukumia ja kolajuomaa naapuruston lapsille. Buffett teki ensimmäiset sijoituksensa nuorena. Hän osti ensimmäisen osakkeensa 11-vuotiaana ja hankki osakkeitaan työskentelemällä erilaisissa pienissä työpaikoissa, kuten sanomalehden jakajana.

Buffet opiskeli sijoittamista intensiivisesti nuorena ja luki monet talousalan kirjat, mukaan lukien Benjamin Grahamin kirjan "The Intelligent Investor". Hän sai myös mentorointia Benjamin Grahamilta, joka oli tunnettu arvo-sijoittamisen pioneeri. Buffett opiskeli ensin Whartonin liiketalouskoulussa Pennsylvanian yliopistossa, mutta hän siirtyi myöhemmin Nebraska-yliopistoon. Opiskellessaan Nebraska-yliopistossa hän tapasi myös tulevan vaimonsa Susan Thompsonin.

Buffett osti Berkshire Hathaway -nimisen tekstiilifirman 1965, mutta muutti sen myöhemmin sijoitusyhtiöksi. Berkshire Hathaway on kasvanut valtavasti Buffetin johdolla, ja se omistaa monia tunnettuja yrityksiä, kuten Geico, Coca-Cola ja Apple.

Berkshire Hathawaysta on tullut yksi maailman suurimmista ja menestyksekkäimmistä sijoitusyhtiöistä.

Buffett tunnetaan usein lempinimellä "Orakkeli Omahasta" hänen poikkeuksellisen kykynsä vuoksi tehdä onnistuneita sijoituksia ja ennustaa taloudellisia trendejä. Hänet tunnetaan erityisesti pitkäjänteisestä sijoitusstrategiastaan ja arvosijoittamisestaan, jossa hän etsii aliarvostettuja yhtiöitä ja pitää niitä salkussaan pitkiä aikoja. Buffettin lähestymistapaan kuuluu myös sijoittamisen periaatteiden noudattaminen, kuten pitkäjänteisyys, riskienhallinta ja hajauttaminen.

Buffett on tunnettu myös siitä, että hän ei seuraa lyhyen aikavälin trendejä tai yritä ennustaa markkinoiden kehitystä. Sen sijaan hän keskittyy löytämään pitkän aikavälin potentiaalia omaavia yrityksiä, joilla on vahva taloudellinen asema ja hyvä johto.

Buffett on myös tunnettu siitä, että hän on erittäin tarkka rahankäytöstään ja välttää turhaa kuluttamista. Hän sanoo, että paras tapa vaurastua on sijoittaa omaisuutensa järkevästi ja käyttää rahoja harkitusti. Warren Buffett on erittäin menestyksekäs ja arvostettu sijoittaja, joka onnistunut kasvattamaan omaisuuttaan merkittävästi pitkäjänteisellä ja harkitulla sijoitusstrategiallaan.

Yhteenvetona voidaan todeta, että Warren Buffett on todellinen sijoitusmaailman legenda, jonka menestystarina inspiroi ihmisiä kaikkialla maailmassa.

10.1.2 Ray Dalio - Menestynyt sijoittaja ja strateginen mestari

Toinen esimerkki menestyneestä sijoittajasta ja hänen strategiastaan on Ray Dalio. Dalio aloitti sijoitusuransa vuonna 1975 perustamalla Bridgewater Associatesin. Yhtiöstä on sittemmin kasvanut maailman suurin hedge-rahasto, jonka hallinnoitavat varat ovat yli 150 miljardia dollaria.

Dalion menestys perustuu siihen, että hänellä on ollut kyky ennakoida ja hallita taloudellisia riskejä sekä ymmärrystä markkinoiden syklisyydestä. Dalion sijoitusstrategia perustuu makrotalouden analyysiin ja riskien hallintaan. Hän pyrkii hyödyntämään markkinoiden syklisyyttä ja investoimaan aliarvostettuihin omaisuusluokkiin.

Dalio on kehittänyt sijoitusfilosofiansa, joka perustuu hänen luomaansa periaatteiden joukkoon. Nämä periaatteet käsittelevät muun muassa sitä, miten tunnistaa talouden syklit ja sopeuttaa sijoitukset sen mukaisesti, miten hallita riskejä ja miten rakentaa salkku, joka on monipuolinen ja kestää erilaisia markkinatilanteita. Dalio on myös tunnettu "All Weather" - sijoitusstrategiastaan, jonka tavoitteena on tuottaa positiivista tuottoa kaikissa markkinatilanteissa. Dalio on tunnettu aggressiivisesta sijoitustyylistään. Hän käyttää vipuvaikutusta ja ottaa riskejä pyrkiäkseen maksimoimaan tuotot.

Yksi Dalion menestyksen salaisuuksista on hänen avoin asenteensa ja halunsa oppia jatkuvasti. Hän arvostaa erilaisia näkökulmia ja pyrkii ymmärtämään markkinoiden monimutkaisuuden mahdollisimman hyvin. Lisäksi hän on taitava delegoimaan vastuuta ja luomaan organisaation, joka kykenee tekemään fiksuja päätöksiä ilman hänen jatkuvaa läsnäoloaan. Kaiken kaikkiaan Dalio on onnistunut luomaan menestyvän sijoitusyhtiön, joka on pystynyt tuottamaan sijoittajilleen huomattavia tuottoja.

Dalio on yksi maailman menestyneimmistä sijoittajista. Bridgewater Associatesin Pure Alpha -rahasto on tuottanut sijoittajilleen keskimäärin 12% vuotuista tuottoa yli 30 vuoden ajan. Dalio on kirjoittanut kirjan "Principles", jossa hän kuvaa sijoitusfilosofiaansa ja elämänfilosofiaansa. Kirja on noussut bestselleriksi ja sitä pidetään sijoittajien klassikkona.

10.1.3 Peter Lynch - Sijoitusmestari Fidelity Magellanin ohjaksissa

Peter Lynch nousi sijoitusmaailman supertähdeksi johtaessaan Fidelity Magellan -rahastoa uskomattoman 29,2% vuotuiseen keskimääräiseen tuottoon vuosina 1977–1990. Tämä huikea saavutus teki Lynchistä yhden menestyneimmistä rahastonhoitajista historiassa ja innoitti lukuisia sijoittajia omaksumaan hänen ainutlaatuisen sijoitusfilosofiansa.

Lynchin lähestymistapa sijoittamiseen poikkesi merkittävästi vallitsevista trendeistä. Hän hylkäsi Wall Streetin lyhytnäköisyyden ja keskittyi sen sijaan löytämään "kalliita jalokiviä" – aliarvostettuja yrityksiä, joilla oli valtava potentiaali kasvaa tulevaisuudessa.

Lynchin sijoitusstrategian ytimessä oli perusteellinen yritystutkimus. Hän vietti tuntikausia tutustuen yritysten liiketoimintamalleihin, johtoon ja kilpailuasemaan. Lynch etsi yrityksiä, joilla oli vahva kilpailuetu, selkeä kasvustrategia ja kyky tuottaa johdonmukaisesti voittoa.

Yksi Lynchin tärkeimmistä opetuksista oli sijoittaa yrityksiin, joita ymmärrät. Hän kannusti sijoittajia tutustumaan yrityksiin, joiden tuotteita tai palveluita he käyttivät itse, ja hyödyntämään omaa asiantuntemustaan ja kiinnostustaan tiettyihin toimialoihin. Lynch itse oli innokas shoppailija ja hyödynsi tätä intohimoaan löytääkseen lupaavia sijoituskohteita vähittäiskaupan alalta.

Lynchin sijoitusfilosofia perustui myös pitkäjänteisyyteen. Hän uskoi, että sijoittajien tulisi välttää lyhytnäköistä markkinoiden ajoittamista ja keskittyä sen sijaan omistamaan laadukkaita yrityksiä pitkällä aikavälillä. Lynch itse piti sijoituksiaan keskimäärin yli 10 vuotta.

Monipuolisuus oli toinen tärkeä periaate Lynchin sijoitusstrategiassa. Hän hajauitti sijoituksiaan eri toimialoille ja markkinakokoisille yrityksille. Tämä auttoi minimoimaan riskejä ja varmistamaan, että salkku ei ollut liian riippuvainen yksittäisistä sijoituksista.

Peter Lynchin menestystarina on todiste siitä, että omistautumalla perusteelliseen yritystutkimukseen, pitkäjänteiseen sijoittamiseen ja monipuolisuuteen on mahdollista saavuttaa merkittävää menestystä sijoitusmaailmassa. Hänen innostava esimerkkinsä ja selkeät opetuksensa ovat inspiroineet lukemattomia sijoittajia ja auttaneet heitä saavuttamaan taloudellisia tavoitteitaan.

10.1.4 Joel Greenblatt - Magic Formula -sijoittamisen mestari

Joel Greenblatt on yksi aikamme menestyneimmistä sijoittajista. Hän on ansainnut mainetta paitsi menestyksekkäällä sijoitusurallaan, myös kirjoittamalla useita sijoittamista käsitteleviä kirjoja. Yksi hänen tunnetuimmista teoksistaan, "The Little Book That Beats the Market", paljasti sijoitusstrategian, joka tunnetaan nimellä "Magic Formula Investing".

Magic Formula -strategia perustuu kahteen yksinkertaiseen, mutta tehokkaaseen mittariin: yhtiön kannattavuus ja sen hinta. Greenblatt etsii sijoituskohteita, jotka ovat sekä erittäin kannattavia että alihinnoiteltuja suhteessa niiden tuloskuntoon. Tämä lähestymistapa perustuu ajatukseen, että markkinat aliarvioivat usein yhtiöitä, joilla on vahva tuloskasvu ja jotka kykenevät tuottamaan korkeaa pääoman tuottoa.

Greenblattin sijoitusfilosofiaa ohjaavat kaksi keskeistä periaatetta:

1. "Osta halvalla, myy kalliilla": Tämä klassinen sijoitusmantra on Greenblattin strategian ytimessä. Hän etsii yhtiöitä, joiden osakekurssi on alhaisempi kuin niiden todellinen arvo.
2. Keskity laatuun: Greenblatt ei pelkästään etsi halpoja osakkeita, vaan hän haluaa sijoittaa yhtiöihin, joilla on vahva

liiketoimintamalli ja jotka kykenevät tuottamaan kestävää tuloskasvua.

Greenblattin Magic Formula -strategia on yksinkertainen, mutta tehokas. Se on auttanut häntä saavuttamaan huomattavaa menestystä sijoitusurallaan. Tutkimukset osoittavat, että strategia on ylittänyt markkinoiden tuoton pitkällä aikavälillä.

Greenblattin sijoitusfilosofia on inspiroinut lukuisia sijoittajia ja antanut heille työkalut löytää menestyksekkäitä sijoituskohteita. Hänen kirjojaan ja artikkeleitaan pidetään sijoitusmaailman klassikoina, ja ne tarjoavat arvokasta tietoa kaikille, jotka haluavat parantaa sijoitustaitojaan.

10.1.5 Erkki Sinkko - Pitkäjänteisen sijoittamisen guru

Erkki Sinkko on suomalainen sijoittajalegenda, jonka menestyksekäs sijoitusura ulottuu yli 50 vuoden taakse. Filosofian tohtorin tutkinnon ja lukion lehtorin uran rinnalla Sinkko on rakentanut maineensa kärsivällisenä ja perusteellisena sijoittajana, joka suosii pitkäjänteistä omistamista ja suomalaisia pörssiyhtiöitä.

Sinkon sijoitusfilosofia perustuu vankkaan yritysanalyysiin. Hän syventyy yhtiöiden taloudellisiin tunnuslukuihin, tulevaisuudennäkymiin ja kilpailuasemaan. Johdon haastattelut tarjoavat arvokasta tietoa yhtiön strategioista ja kyvyistä. Sinkko uskoo, että huolellinen tutkimustyö auttaa löytämään aliarvostettuja helmiä, joilla on potentiaalia kasvaa pitkällä aikavälillä.

Sinkko suosii suoria osakesijoituksia ja pitää rahastoja kalliina vaihtoehtona. Hänen mielestään on parempi sijoittaa varainhoitoyhtiöiden osakkeisiin kuin niiden rahastoihin. Tämä antaa sijoittajalle suoremman kontrollin sijoituksiinsa ja mahdollistaa alhaisemmat kustannukset.

Sinkko on tunnettu myös sijoittajien kouluttajana ja mentorina. Hän on kirjoittanut useita kirjoja sijoittamisesta ja jakaa kokemuksiaan luennoilla ja seminaareissa. Sinkko korostaa sijoitustoiminnassa pitkäjänteisyyttä ja kärsivällisyyttä. Jatkuva oppiminen ja kehittyminen sijoittajana ovat avainasemassa menestykseen.

Sinkon esimerkki osoittaa, että menestyksekäs sijoittaminen ei vaadi rakettitiedettä. Perusteellinen analyysi, pitkäjänteisyys ja kärsivällisyys ovat avainasemassa. Sinkon neuvot ovat arvokasta luettavaa kaikille, jotka haluavat rakentaa vakaan ja menestyksekkään sijoitusstrategian.

10.1.6 Seppo Saario - Suomalainen sijoitusguru

Seppo Saario on yksi Suomen menestyneimmistä sijoittajista, jonka ura ulottuu jo 1970-luvulle.

Sijoitusstrategian ydin

Hänen sijoitusstrategiansa perustuu vahvaan analyysiin ja aliarvostettujen yhtiöiden löytämiseen. Saario etsii yhtiöitä, joilla on seuraavat ominaisuudet:

Hyvä johto: Saario uskoo, että hyvä johto on avainasemassa yhtiön menestykselle. Hän etsii yhtiöitä, joilla on kokenut ja osaava johto, joka on sitoutunut yhtiön pitkän aikavälin kehittämiseen.

Vahva brändi: Saario arvostaa vahvoja brändejä, sillä ne tarjoavat yhtiölle kilpailuetua ja auttavat ylläpitämään korkeaa tulostasoa.

Hyvät kasvunäkymät: Saario sijoittaa yhtiöihin, joilla on hyvät mahdollisuudet kasvaa tulevaisuudessa. Hän analysoi yhtiön markkina-asemaa, kilpailutilannetta ja tuotekehitystä arvioidakseen yhtiön kasvupotentiaalia.

Analyysin tarkkuus

Saario ei tee sijoituspäätöksiä kevyin perustein. Hän analysoi yhtiön taloudellisen tilanteen tarkasti ja syvällisesti. Analysointia tehdessä hän tutkii mm. seuraavia seikkoja:

Tuloslaskelma: Saario analysoi yhtiön tuloslaskelmaa ja tarkastelee mm. yhtiön liikevaihdon ja tuloksen kehitystä, kannattavuutta ja kustannustehokkuutta.

Tase-erien kehitys: Saario tutkii yhtiön tasetta ja tarkastelee mm. yhtiön velkaantuneisuutta, maksuvalmiutta ja investointien tasoa.

Kassavirta: Saario analysoi yhtiön kassavirtaa ja varmistaa, että yhtiöllä on riittävästi rahaa investointeihin ja velkojen hoitoon.

Harkinta ja hajautus

Saario käyttää sijoituksissaan vahvasti omaa harkintaansa ja tekee perusteellisia taustatutkimuksia ennen sijoituspäätöksen tekemistä. Hän välttää liian riskialttiita sijoituksia ja pyrkii hajauttamaan sijoituksensa useiden eri yhtiöiden ja toimialojen välillä.

Pitkäjänteisyys

Saario korostaa myös pitkäjänteisyyden merkitystä sijoittamisessa. Hän suosittelee sijoittajia pitämään kiinni sijoituksistaan pitkään ja kärsivällisesti odottamaan osakkeen arvon kehittymistä. Saario itse on pitänyt osakeomistuksiaan keskimäärin yli 10 vuotta.

Seppo Saario on erinomainen esimerkki siitä, että menestyksekäs sijoittaminen vaatii perusteellista analyysiä, harkintaa ja pitkäjänteisyyttä. Hänen sijoitusstrategiansa on osoittautunut toimivaksi ja se on auttanut häntä saavuttamaan merkittävää menestystä sijoitusurallaan.

10.1.6 Björn Wahlroos

Björn Wahlroos on ruotsalais-suomalainen liikemies ja sijoittaja, joka on toiminut useiden merkittävien yritysten hallituksissa ja johtotehtävissä. Hän on tunnettu erityisesti pankkisektorin asiantuntijana ja on ollut mukana rakentamassa useita menestyneitä pankkiyhtiöitä Pohjoismaissa. Hän on toiminut muun muassa Sampo Pankin ja UPM -Kymmenen hallituksen puheenjohtajana. Wahlroos on myös aktiivinen sijoittaja, joka on kerännyt huomattavaa varallisuutta osake- ja kiinteistösijoituksillaan.

Wahlroosin sijoitusstrategiaan kuuluu vahva panostus laadukkaisiin yrityksiin, jotka ovat alansa johtajia ja joilla on vahva kilpailuasema. Hän on myös korostanut sijoitusten hajauttamista ja pitkäjänteisyyttä. Wahlroos onkin todennut useissa haastatteluissa, että hänen sijoitusstrategiansa perustuu pitkälti yhtiöiden liiketoiminnan ymmärtämiseen ja sen arvioimiseen, millainen yritys on todennäköisesti menestyksekäs tulevaisuudessa.

Yksi esimerkki Wahlroosin menestyksekkäästä sijoituksesta on Nokia. Wahlroos uskoi Nokian kykyyn menestyä matkapuhelinmarkkinoilla ja näki sen potentiaalin jo varhaisessa vaiheessa. Hänen pitkäjänteinen sijoituksensa kannatti, sillä Nokian markkina-arvo kasvoi vuosien saatossa merkittävästi.

Wahlroosin sijoitusstrategiaa voi luonnehtia pitkäjänteiseksi ja harkituksi. Hän ei pyri tekemään nopeita voittoja lyhytaikaisilla kaupoilla, vaan panostaa laadukkaisiin yrityksiin ja hajauttaa sijoituksiaan. Wahlroosin menestyksen taustalla on myös vahva liiketoimintaosaaminen ja kyky arvioida yritysten menestymisen todennäköisyyttä pitkällä aikavälillä. Wahlroos on myös sijoittanut monipuolisesti eri aloille ja hänen sijoitusfilosofiansa perustuu usein vahvaan osinkotuottoon ja defensiivisiin sijoituksiin. Hän on myös korostanut makrotalouden seuraamisen merkitystä sijoituspäätöksissä ja julkaissut useita talousaiheisia kirjoja.

10.2 Yritysesimerkit ja niiden analyysi

Yritysesimerkkien tarkastelu on tärkeää osakesijoittajalle, sillä sijoittajan on ymmärrettävä yrityksen toimintaa ja taloudellista tilannetta ennen sijoituspäätöksen tekemistä. Yritysesimerkkien avulla sijoittaja voi oppia tuntemaan eri toimialoja, yritysmalleja ja johtamistapoja, mikä auttaa häntä tekemään tulevaisuuteen suuntautuneita sijoituspäätöksiä.

Analysointiprosessiin kuuluu yleensä yrityksen liiketoiminnan ymmärtäminen, kilpailuaseman arviointi, tuloslaskelman ja taseen tarkastelu sekä yhtiön johdon arviointi. Tämän lisäksi sijoittaja voi tarkastella yrityksen taloudellisia tunnuslukuja, kuten liikevaihtoa, nettotulosta, taseen eri kohtien kehitystä, velan määrää ja kassavirtaa.

Yritysesimerkin analyysissa on tärkeää ottaa huomioon myös yrityksen toimiala ja sen tulevaisuuden näkymät. Esimerkiksi teknologiayritysten tulevaisuudennäkymät voivat olla erilaisia kuin esimerkiksi perinteisten teollisuusyritysten, ja tämä vaikuttaa sijoittajan päätöksentekoon.

Yrityksen johdon arviointi on myös tärkeää, sillä hyvä johto pystyy tekemään oikeita päätöksiä ja johdattamaan yrityksen menestykseen. Johto voi myös vaikuttaa yrityksen arvostukseen, ja siksi on tärkeää arvioida, kuinka hyvin johto on suoriutunut yrityksen johdossa.

252

10.2.1 Talvivaara - Sijoitustarina ympäristökatastrofin varjossa

Talvivaara oli suomalainen kaivosyhtiö, joka oli erikoistunut nikkelin, sinkin ja uraanin louhintaan. Yhtiön osake oli aikanaan erittäin suosittu sijoituskohde Suomessa ja se keräsi suuria sijoitussummia, erityisesti yksityissijoittajilta. Yhtiön osakekurssi kohosi huikeisiin lukemiin, ja monet uskoivat löytäneensä uuden kultakaivoksen.

Talvivaaran toiminnassa kuitenkin ilmeni useita ympäristöongelmia, joista merkittävin oli vuonna 2012 tapahtunut suuren määrän haitallisten aineiden vuoto, joka aiheutti ympäristökatastrofin Kainuussa. Tapaus herätti laajaa paheksuntaa ja johti yhtiön toiminnan tarkkaan syyniin.

Tämän seurauksena Talvivaara ajautui konkurssiin, mikä johti sen osakkeen arvon romahtamiseen ja monien sijoittajien menetyksiin. Oppirahoja tässä maksoi moni, kuten kirjan kirjoittajakin, vaikka loppuun saakka kyydissä ei oltukaan. Sijoitushetkellä yhtiöllä oli kuitenkin lupaava tulevaisuus ja ympäristöongelmia ei ollut vielä tullut ilmi. Tapaus on opettanut minulle sijoittamisen riskien merkityksestä ja ympäristönäkökohtien huomioimisen tärkeydestä.

Talvivaaran tapaus on karu esimerkki siitä, kuinka sijoittajan on oltava varovainen ja tarkkaavainen. Yhtiön toimintaa ja riskejä tulee analysoida huolellisesti ennen sijoituspäätöksen tekemistä. Ympäristöön ja kestävään kehitykseen liittyvät asiat ovat erityisen tärkeitä, sillä ne voivat vaikuttaa merkittävästi yhtiön liiketoimintaan ja sijoittajan tuottoihin.

10.2.2 Kiinteistösijoitusyhtiö Orava - Tarina sijoitusten romahtamisesta

Orava listattiin Helsingin pörssiin vuonna 2016 ja sen osakekurssi oli aluksi vahvassa kasvussa. Yhtiö keskittyi asuntosijoituskohteisiin ja sen tavoitteena oli kasvattaa salkkuaan ja tuottojaan. Vuonna 2018 Oravan sijoituskohteisiin liittyvät riskit alkoivat paljastua. Yhtiö ilmoitti, että sen sijoituskohteiden arvonalennukset tulevat olemaan huomattavasti aiemmin arvioitua suurempia. Tämä oli merkittävä käännekohta yhtiön historiassa ja se johti sijoittajien luottamuksen heikkenemiseen.

Tämän jälkeen Oravan osakekurssi alkoi laskea jyrkästi ja vuonna 2020 yhtiö ilmoitti jälleen uusista arvonalennuksista sijoituskohteissaan, mikä heikensi entisestään sen taloudellista tilannetta. Lisäksi yhtiön velkamäärä oli kasvanut huomattavasti, mikä aiheutti sijoittajien huolta yhtiön maksukyvystä. Oravan huono taloudellinen tilanne ja sijoituskohteisiin liittyvät ongelmat johtivat siihen, että sen osakekurssi romahti ja monien sijoittajien sijoitukset menettivät merkittävästi arvoaan.

Oravan tapaus on karu esimerkki siitä, miten kiinteistösijoitusyhtiöidenkin riskit voivat olla suuria ja sijoitukset voivat mennä huonosti, vaikka kyseessä olisi kuinka vahvasti kasvava markkina.

Myös tässä mukana ololla tuli oppirahoja maksettua, mutta onneksi riittävä hajautus pelasti tilanteen. Viisas oppii toisten virheistä, mutta viisain oppii myös omistaan virheistään. Typerys taas ei opi edes omista virheistään.

10.2.3 Apple Inc. - menestystarina innovaatioiden ja brändin voimasta

Apple Inc. on kiistatta yksi maailman arvokkaimmista ja tunnetuimmista teknologiayhtiöistä, joka on rakentanut menestystarinansa innovaatioiden ja vahvan brändin voimin. Yhtiö on kasvanut valtavasti vuosien varrella, ja sen tarina tarjoaa inspiroivan näkymän siitä, miten menestyksekkään yrityksen valinta voi olla myös houkutteleva sijoitus.

Vuonna 2003 Apple oli vielä toipumassa taantumasta, mutta suunta muuttui merkittävästi sen julkaistua uuden iPod-musiikkisoittimen. Tämä laite ei ainoastaan mullistanut musiikinkuuntelua, vaan aloitti myös matkan kohti kuluttajaelektroniikan kärkeä. Myöhemmin Apple jatkoi menestystarinaansa julkaisemalla innovatiivisia tuotteita, kuten iPhone ja iPad, jotka eivät pelkästään vastanneet markkinoiden tarpeisiin vaan myös loivat uusia standardeja.

Osakekurssin kehitys kertoo omaa tarinaansa Apple Inc:n menestyksestä. Vuonna 2003 osakkeen arvo oli noin 7 dollaria, mutta vuoteen 2022 mennessä se oli noussut yhdeksi maailman arvokkaimmista yhtiöistä, ja osakekurssi oli yli 1200 dollaria. Sijoittajat, jotka uskoivat Appleen vuonna 2003 ja pitivät osakkeitaan vuoteen 2022 asti, näkivät sijoituksensa kasvavan yli 170-kertaiseksi.

Sijoittajat, jotka harkitsevat Applea sijoituskohteeksi, voivat tarkastella yhtiön taloudellisia tunnuslukuja, kuten liikevaihtoa, nettotulosta, tasetta ja kassavirtaa. Analysoimalla yhtiön kilpailuetuja, kuten vahvaa brändiä ja patentteja, sijoittajat voivat saada syvällisempää tietoa yhtiön pitkän aikavälin kilpailukyvystä. Lisäksi seuraamalla Appleen liittyviä tuotelanseerauksia ja strategiamuutoksia sijoittajat voivat arvioida yhtiön tulevaisuuden kasvupotentiaalia.

Kokonaisuudessaan Apple on erinomainen esimerkki siitä, kuinka menestyvästä yrityksestä voi tulla houkutteleva sijoituskohde. Yhtiön menestystarina korostaa innovaation, vahvan taloudellisen suorituksen ja sitoutumisen laadukkaaseen tuotekehitykseen merkitystä. Apple on osoittanut, että se, mikä tekee yrityksestä menestyvän, voi myös tehdä siitä houkuttelevan pitkäaikaisille sijoittajille.

10.2.4 Nokia - Menestyksestä alamäkeen ja uuteen nousuun

Nokian matkapuhelinten kehittäminen on ollut hyvä esimerkki menestyksekkäästä osakesijoituksesta.

Nokian matkapuhelinliiketoiminnan menestystarina alkoi 1990-luvulla. Yritys kehitti innovatiivisia ja kestäviä puhelimia, kuten legendaarinen Nokia 3310, jotka valloittivat nopeasti markkinoita. Nokian matkapuhelimet olivat pitkään suosittuja ja menestyksekkäitä, ja yritys hallitsi markkinoita useiden vuosien ajan. Nokia kehitti jatkuvasti uusia malleja ja paransi teknologiaansa, mikä teki siitä teknologiassa edelläkävijän matkapuhelimissa. Nokian markkinaosuus kasvoi räjähdysmäisesti ja se nousi 2000-luvun alussa maailman johtavaksi matkapuhelinvalmistajaksi.

Nokian menestyksen taustalla oli useita tekijöitä:
Vahva innovaatiokulttuuri ja panostus tutkimus- ja kehitystyöhön
Laaja jakeluverkosto ja vahva brändi
Kestävyyteen ja suorituskykyyn keskittyvät puhelimet

Nokian menestys alkoi kuitenkin hiipua 2000 -luvun loppupuolella, kun kilpailu tiivistyi ja uudet toimijat, kuten Apple, tulivat markkinoille. Nokia ei pystynyt vastaamaan kilpailun tuomaan haasteeseen ja menetti markkinaosuuttaan nopeasti. Yrityksen johto myöhästyi myös siirtymisestä kosketusnäyttöihin ja älypuhelin käyttöjärjestelmiin, mikä osoittautui katastrofaaliseksi virheeksi.

Nokian alamäen syyt:

Myöhästyminen älypuhelimien kehityksessä ja kosketusnäyttöteknologian käyttöönotossa

Liian hidas ja jäykkä organisaatiokulttuuri, joka ei pysynyt mukana nopeasti muuttuvassa markkinaympäristössä

Väärä arvio kilpailutilanteen kehityksestä ja uusien tulokkaiden, kuten Applen ja Samsungin, uhkan aliarviointi

Käyttöjärjestelmästrategian epäonnistuminen, Symbianin kehittäminen ja oman MeeGo-käyttöjärjestelmän lanseeraus epäonnistuivat

Nokian osakekurssi romahti 2000-luvun lopulla ja 2010-luvun alussa. Microsoft osti Nokian matkapuhelinliiketoiminnan vuonna 2014. Nokia on sittemmin keskittynyt verkkolaitteisiin ja 5G-teknologiaan, ja on tällä alalla yksi maailman johtavista yrityksistä.

Hyvä sijoitus Nokian matkapuhelimiin olisi ollut ennen 2000 - luvun loppupuolta, jolloin Nokia oli markkinajohtaja ja sen osakekurssi oli korkealla. Sijoittajan olisi pitänyt seurata Nokian matkapuhelinmarkkinoita ja arvioida yrityksen kykyä kehittää uusia teknologioita ja pysyä kilpailukykyisenä. Hyvä sijoitusstrategia olisi ollut hajauttaa sijoitukset useisiin yrityksiin, mukaan lukien Nokia, ja seurata jatkuvasti markkinoiden kehitystä.

Nokian matkapuhelinbisnes osoittaa myös sen, että menestyksekkäällä yrityksellä voi olla haasteita pysyä kilpailukykyisenä ja että sijoittajan on seurattava tarkasti yrityksen kehitystä ja mahdollisia riskejä. Alphabet Inc. Googlen emoyhtiö - Menestystarina ja sijoittajien näkökulma

Vuonna 1998 perustettu Google nousi nopeasti verkkohakukoneiden johtajaksi ja alan brändiksi. Sen markkinaosuus vuonna 2023 oli yli 90%. Googlen mainosliiketoiminta, Google Ads, muodostui yhtiön pääasialliseksi tulonlähteeksi. Vuonna 2023 mainostulot olivat yli 250 miljardia dollaria. Vuonna 2015 Google perusti holding-yhtiön, Alphabetin, hallinnoimaan itseään ja tytäryhtiöitään, kuten Waymo, Verily ja Calico.

Yksi hyvä käytännön esimerkki hyvästä osakesijoituksesta on Alphabet Inc., joka tunnetaan paremmin Googlen emoyhtiönä. Alphabet on yksi maailman suurimmista teknologiayrityksistä, joka on menestynyt erityisesti verkkohakukoneensa Google Searchin ja sen mainosliiketoiminnan avulla.

Alphabetin menestyksen takana on ollut sen kyky mukautua nopeasti teknologian muutoksiin ja investoida tulevaisuuden kasvumarkkinoihin, kuten tekoälyyn, pilvipalveluihin, erityisesti

Google Cloud Platformiin, ja itseajaviin autoihin. Yhtiö on myös onnistunut laajentamaan liiketoimintaansa Googlen ulkopuolelle ja kehittänyt muita menestyviä tuotteita, kuten Youtube ja Android -käyttöjärjestelmä, Google Maps ja Google Play Store.

Alphabetin osakekurssi on kasvanut voimakkaasti vuosien varrella, mikä on tehnyt siitä houkuttelevan sijoituskohteen. Yhtiö on myös maksanut osinkoa sijoittajilleen vuodesta 2015 lähtien, mikä on houkutellut pitkäaikaisia sijoittajia. Alhainen velkaantuneisuus ja vahva tase tekevät siitä vakaan ja riskittömän sijoituskohteen. Velkaantumisaste on noin 20%.

Alphabetin menestys osoittaa, että menestyneen yrityksen valinta perustuu sijoittajan kykyyn tunnistaa yhtiön kilpailuedut, mukautumiskyky ja kasvupotentiaali. Lisäksi sijoittajan on tärkeää seurata yhtiön taloudellista suorituskykyä, innovaatioita ja markkinatrendejä, jotta sijoitus voidaan pitää edelleen kannattavana.

10.2.5 Amazon - Verkkokaupan Jättiläinen ja Pilvipalveluiden Edelläkävijä

Amazonin alkutaival juontaa juurensa vuoteen 1994, jolloin yritys perustettiin alun perin verkkokauppana, erikoistuen kirjojen myyntiin. Alkuperäinen tavoite laajentui nopeasti, ja Amazonista tuli kauppamaailman monipuolisin toimija, kattava lähes kaikki mahdolliset tuotekategoriat. Tämä kasvu nosti Amazonin markkinajohtajaksi verkkokaupassa, ja tällä hetkellä sillä on yli 300 miljoonaa aktiivista asiakasta, halliten noin 50% Yhdysvaltojen verkkokauppamarkkinoista.

Amazon ei kuitenkaan rajoittunut vain verkkokauppaan. Yritys on ollut edelläkävijä monilla liiketoiminta-alueilla, kuten pilvipalveluissa. Amazon Web Services (AWS) on maailman johtava pilvipalvelualusta, joka on merkittävä tekijä digitaalisessa liiketoiminnassa. Lisäksi Amazon on laajentanut toimintaansa digitaaliseen suoratoistoon (Amazon Prime Video), tekoälyyn (Amazon Alexa) ja tietokoneohjelmistoihin (Amazon Web Services).

Amazonin menestystarinaa selittää useat tekijät. Ensinnäkin, asiakaskeskeisyys on ollut yhtiön periaatteiden keskiössä. Amazon pyrkii jatkuvasti parantamaan asiakaskokemusta ja tarjoamaan kilpailukykyisiä hintoja. Toiseksi, Amazon on ollut innovaatioiden edelläkävijä, investoimalla jatkuvasti uusiin teknologioihin ja liiketoimintamalleihin. Kolmanneksi, tehokas logistiikka on ollut keskeinen osa Amazonin menestystä, mahdollistaen nopeat ja tehokkaat toimitukset. Neljänneksi, Amazonin liiketoimintamalli on skaalautuva, mikä tekee siitä helposti laajennettavan uusille markkinoille ja tuotealueille.

Sijoittajille Amazon on ollut houkutteleva kohde. Yhtiön osakekurssi on noussut yli 10 000 % vuodesta 1997 lähtien, tehden siitä yhden maailman arvokkaimmista yrityksistä. Amazonin liiketoimintamalli on vakaa ja kasvava, vaikka se kohtaisi riskejä, kuten kilpailun kiristymistä, sääntelyriskejä ja riippuvuutta teknologiasta.

Amazonin menestystarina tarjoaa arvokkaita oppitunteja sijoittajille. On tärkeää tunnistaa yrityksen kilpailuedut, kuten vahva brändi, ainutlaatuinen liiketoimintamalli ja tehokas logistiikka. Sijoittajan tulisi myös arvioida yrityksen mukautumiskykyä uusiin trendeihin ja teknologioihin sekä kykyä laajentua uusiin markkinoihin ja tuotealueille. Seuraamalla huolellisesti yrityksen taloudellista suorituskykyä, innovaatioita, markkinatrendejä ja kilpailutilannetta sijoittaja voi tehdä tietoon perustuvia päätöksiä ja saavuttaa menestystä pitkällä aikavälillä.

10.2.6 Visa Inc. - Maksujätti, joka valloittaa maailmaa

Visa Inc. on loistava esimerkki menestyneestä osakesijoituksesta, edustamassa maailmanlaajuista maksupalveluiden jättiläistä, joka muokkaa rahoitusmaailmaa tarjoamalla innovatiivisia korttimaksuja ja muita rahoituspalveluita ympäri maailman.

Viimeisten vuosien aikana Visa on kehittynyt dynaamisesti, ja sen osakekurssi on kokenut merkittävää nousua. Yhtiö on menestyksekkäästi laajentanut toimintaansa uusille markkinoille ja ottanut käyttöön uusia tuotteita ja palveluita, kuten mobiilimaksut ja muut digitaaliset maksutavat. Tämä jatkuva innovaatio ja mukautuminen markkinoiden muutoksiin ovat nostaneet Visan yhdeksi alan johtavista toimijoista.

Visan vahvuus perustuu sen vankkaan taloudelliseen asemaan, johtaviin teknologisiin ratkaisuihin ja vahvaan brändiin. Yhtiö on onnistunut luomaan itselleen vakaan markkina-aseman, jossa kilpailijat jäävät usein vähemmän kannattaviksi. Visa ei pelkästään tarjoa maksupalveluita, vaan myös kehittää jatkuvasti uusia innovatiivisia ratkaisuja vastatakseen muuttuviin kuluttajatarpeisiin.

Sijoittajan näkökulmasta Visa on ollut erittäin kannattava sijoitus, ja sen osake on osoittanut vakaata kasvua pitkällä aikavälillä. Kuitenkin sijoittajan on aina suositeltavaa tarkastella huolellisesti yhtiön taloudellista tilannetta, liiketoimintamalleja ja strategioita ennen päätöksen tekemistä osakesijoituksista. Tässä yhteydessä on tärkeää huomioida myös mahdolliset muutokset maksualalla ja teknologisessa kehityksessä, jotka voivat vaikuttaa Visan asemaan ja kasvupotentiaaliin tulevaisuudessa.

10.2.6 SAP SE - Eurooppalainen Ohjelmistojättiläinen

Saksalainen yritys SAP SE edustaa erinomaista esimerkkiä onnistuneesta eurooppalaisesta osakesijoituksesta. SAP on maailmanlaajuinen ohjelmistoyhtiö, joka tarjoaa kattavia liiketoimintaohjelmistoja ja -ratkaisuja eri toimialoille, kuten talous, henkilöstöhallinto, myynti ja logistiikka. SAP:n vahvuus piilee sen innovatiivisissa ja kustomoitavissa ohjelmistoissa, jotka vastaavat tehokkaasti asiakkaiden monipuolisiin tarpeisiin.

Yhtiön menestystarina juontaa juurensa sen kykyyn pysyä teknologisen kehityksen eturintamassa. SAP on ollut aktiivinen kehittämään tuotteitaan jatkuvasti vastaamaan markkinoiden muuttuviin vaatimuksiin, mikä on vakiinnuttanut sen aseman liiketoimintaohjelmistojen markkinoilla.

Sijoittajat ovat hyötyneet SAP:n menestyksestä, kun he ovat tehneet ajoissa sijoituksia ja pitäneet osakkeitaan pitkäaikaisesti. Yhtiön osakekurssi on näyttänyt tasaisen nousun viimeisten kymmenen vuoden aikana, ja sijoittajat ovat saaneet säännöllisesti osinkoa. Erityisesti viimeisen vuoden aikana SAP on osoittanut sopeutumiskykyään nopeasti muuttuvassa taloudellisessa ympäristössä, siirtyen menestyksekkäästi digitaaliseen toimintaympäristöön COVID-19 -pandemian aiheuttaman epävarmuuden keskellä.

SAP:n liiketoimintamalli ei ole vain perinteinen ohjelmistojen myynti, vaan se tarjoaa myös pilvipalveluita, analytiikkaa ja muita innovatiivisia ratkaisuja. Tämä monipuolisuus ja jatkuva kehitys ovat vahvistaneet SAP:n asemaa yhtenä johtavista toimijoista globaalilla ohjelmistomarkkinalla. Sijoittajan kannalta SAP tarjoaa houkuttelevan mahdollisuuden osallistua teknologian kehitykseen ja liiketoiminnan digitalisaatioon Euroopassa ja maailmanlaajuisesti.

10.2.7 LVMH Moët Hennessy Louis Vuitton SE

LVMH Moët Hennessy Louis Vuitton SE on kirkas esimerkki menestyksekkäästä eurooppalaisesta osakesijoituksesta ja maailman johtavasta ylellisyystuotteiden valmistajasta. Yhtiö on tunnettu laajasta tuotevalikoimastaan, joka kattaa korut, vaatteet, laukut, kengät, kosmetiikan ja viinit. LVMH:n voimakas kasvu viime vuosikymmeninä on perustunut paitsi oman tuotevalikoiman laajentamiseen myös muiden huippuluokan ylellisyystuotteiden valmistajien, kuten Christian Diorin ja Bvlgarin, hankintaan. Yhtiö on myös menestyksekkäästi hyödyntänyt Kiinan kasvavaa markkinaa, vahvistaen asemaansa Aasiassa.

LVMH:lla on vahva brändi, joka on vakiinnuttanut sen aseman ylellisyystuotteiden markkinoilla. Tämä vahvuus on ollut ratkaiseva tekijä, joka on auttanut yhtiötä selviytymään taloudellisista vaikeuksista ja epävarmoista ajoista. Yhtiön johto on osoittanut pitkäjänteisyyttä ja kykyä tehdä oikeita strategisia päätöksiä, kuten yritysostot ja uusien tuotteiden kehittäminen, mikä on edelleen vahvistanut LVMH:n asemaa maailmanlaajuisesti.

Yhtiön menestys näkyy myös osakekurssin huomattavassa nousussa viime vuosina, tarjoten sijoittajille houkuttelevan tuoton. LVMH on pystynyt luomaan kestävän kasvumallin yhdistämällä perinteisen ylellisyyden ja innovaation. Sijoittajat, jotka ovat tehneet ajoissa sijoituksia tähän eurooppalaiseen ylellisyysjättiläiseen, ovat päässeet nauttimaan huomattavista taloudellisista eduista ja monipuolisesta sijoitusportfoliosta.

10.2.8 ASML - Teknologian Edelläkävijä ja Ympäristövastuullinen Toimija

Hollantilainen teknologiayritys ASML on loistava esimerkki eurooppalaisesta osakesijoituskohteesta, joka on erikoistunut puolijohdeteollisuuteen ja valmistaa edistyksellisiä litografialaitteita, jotka ovat välttämättömiä piirilevyjen valmistuksessa. Yhtiö on kukoistanut teknologiateollisuuden kasvavassa kysynnässä, mikä on näkynyt sen osakekurssin merkittävässä nousussa viime vuosina. ASML on myös tehnyt merkittäviä investointeja tutkimukseen ja kehitykseen säilyttääkseen kilpailukykynsä markkinoilla.

ASML:n edistynyt tekniikka on tehnyt siitä välttämättömän kaikille alan johtaville yrityksille maailmanlaajuisesti. Yhtiö on pitänyt johtoasemansa jatkuvalla uusien teknologiaratkaisujen kehittämisellä ja laajentamalla toimintaansa uusille markkinoille. Yhtiön tutkimus- ja kehitysosasto on alan edistyneimpiä, mikä antaa sille etulyöntiaseman kilpailijoihin nähden.

ASML ei ainoastaan ole teknologian edelläkävijä, vaan se omistautuu myös ympäristöystävällisyyteen. Yhtiö käyttää uusiutuvaa energiaa tuotantolaitoksissaan ja pyrkii aktiivisesti vähentämään hiilidioksidipäästöjään. Tämä ympäristövastuullinen lähestymistapa on tuonut yhtiölle tunnustusta ja vahvistanut sen mainetta vastuullisena toimijana.

ASML:n vahva taloudellinen asema ja menestyksekäs historia tekevät siitä houkuttelevan sijoituskohteen. Sen osakkeen arvo on noussut huomattavasti viime vuosina, ja yhtiö on yksi Euroopan arvostetuimmista ja innovatiivisimmista yrityksistä. ASML:n vahva asema teknologiamarkkinoilla sekä sen omistautuminen ympäristövastuulliseen toimintaan luovat perustan kiinnostavalle sijoitusmahdollisuudelle pitkällä aikavälillä.

10.2.9 Deutsche Bank - Pankkimaailman Titanic

Aikoinaan mahtava pankkijättiläinen, Deutsche Bank, on ajautunut karille ja seilaa kohti tuntematonta tulevaisuutta. Deutsche Bankin matka on opettavainen esimerkki siitä, miten menestyvästä yrityksestä voi tulla haasteisiin vastaamattoman ja maineeltaan kyseenalaisen maineen omaava toimija.

Aikoinaan yksi Euroopan suurimmista ja menestyneimmistä pankeista, Deutsche Bank kohtasi kovan kolauksen vuoden 2008 talouskriisissä, joka paljasti pankin heikkoudet. Tämän jälkeen pankki on joutunut kohtaamaan useita skandaaleita, kuten korruptioepäilyjä ja rahanpesua, jotka ovat vakavasti uhanneet sen taloudellista asemaa. Pankin tuloksentekokyky on heikentynyt merkittävästi, mikä on heijastunut sen osakekurssiin, ja Deutsche Bankin markkina-arvo on laskenut huomattavasti.

Deutsche Bankin tarina korostaa, että menestyvän yrityksen menestys ei ole itsestäänselvyys, ja yrityksen on jatkuvasti pidettävä yllä kilpailukykyään pysyäkseen markkinoiden muutoksissa. Pankki epäonnistui vastaamaan tehokkaasti markkinoiden haasteisiin ja ylläpitämään hyvää mainettaan, mikä johti sen huonoon taloudelliseen asemaan. Tämä tilanne korostaa sijoittajan tarvetta valita yrityksiä, jotka ovat innovatiivisia, vastuullisia ja kykeneviä jatkuvasti kehittymään.

Sijoittajan on tärkeää olla tietoinen riskeistä ja tehdä perusteellinen analyysi yrityksen taloudellisesta tilanteesta ennen sijoituspäätöksen tekemistä. Yrityksen jatkuva valmius sopeutua muutoksiin ja ylläpitää mainettaan vastuullisena toimijana ovat olennaisia tekijöitä menestyksekkään ja kestävän sijoituksen kannalta.

10.2.10 British Petroleum - Katastrofit, skandaalit ja epävarma tulevaisuus

British Petroleum eli BP on esimerkki siitä, miten yksittäiset tapahtumat voivat vaikuttaa kielteisesti yrityksen maineeseen ja taloudelliseen tilanteeseen. Deepwater Horizon -öljyvuoto Meksikonlahdella oli yksi maailman suurimmista ympäristökatastrofeista, ja sen seurauksena BP:n maine kärsi merkittävästi. Yhtiö joutui korvaamaan mittavia vahinkoja ja osallistumaan laajaan ympäristön puhdistamiseen.

BP:n haasteet eivät kuitenkaan rajoitu vain yhteen katastrofiin. Energiamurros on muuttanut öljy- ja kaasualan pelikenttää, ja perinteisten öljypohjaisten liiketoimintojen kannattavuus on heikentynyt. Yhtiö on ollut pakotettu sopeuttamaan liiketoimintaansa vastaamaan uusiin vaatimuksiin ja muuttamaan strategiaansa vastatakseen energiasektorin muutoksiin.

Vaikka BP on edelleen yksi maailman suurimmista öljy- ja kaasuyhtiöistä, sen tulevaisuus on epävarma. Energiamurros jatkaa kehittymistään, ja yhtiön on kohdattava haasteita sopeutuakseen muutokseen. Tämä tarjoaa tärkeän opetuksen sijoittajille, jotka tavoittelevat kestäviä sijoituksia tulevaisuuteen. Sijoittajan on olennaista arvioida huolellisesti yrityksen liiketoimintamalli, taloudellinen tilanne ja riskit ennen sijoituspäätöksen tekemistä, erityisesti kun toimialan muutospaineet ja ympäristökysymykset vaikuttavat liiketoiminnan kestävyyteen.

11. Johtopäätökset

Tämän osakesijoituskirjan yhteenvetona haluan esittää muutamia johtopäätöksiä ja suosituksia, jotka auttavat sinua menestymään osakemarkkinoilla.

Ensinnäkin, muista aina tehdä omaa tutkimusta ennen kuin teet sijoituspäätöksiä. Älä seuraa sokeasti muiden sijoittajien suosituksia tai tavoittele nopeita voittoja. Pidä mielessä, että osakemarkkinat ovat arvaamattomat ja että menestyvä sijoittaja tarvitsee pitkäjänteisyyttä ja kärsivällisyyttä.

Toiseksi muista hajauttaa sijoitukset eri yhtiöiden, toimialojen, maantieteellisten alueiden, valuuttojen ja aikavälien kesken. Hajauttaminen auttaa välttämään riskien kasautumisen yhdelle alueelle tai yhtiölle, mikä mahdollistaa paremmat tuottomahdollisuudet pitkällä aikavälillä. Sijoittamalla eri toimialoille ja maantieteellisille alueille, voit hyötyä eri markkinasykleistä ja välttää yksittäisten toimialojen tai maiden riskejä. Lisäksi hajauttamalla valuuttoihin, voit välttää valuuttakurssien vaihteluiden vaikutuksia sijoituksiisi. Aikavälillä hajauttaminen myös tarkoittaa sijoitusten hajauttamista eri ajankohtiin, mikä auttaa välttämään markkinoiden lyhytaikaisia heilahteluja.

Kolmanneksi, seuraa yhtiöiden taloudellisia tunnuslukuja ja muita avainlukuja. Tämä auttaa sinua ymmärtämään yhtiön taloudellista tilannetta ja sen tulevaisuuden näkymiä. Muista myös seurata markkinatrendejä ja talouden kehitystä.

Neljänneksi, pidä tappiot kurissa. Älä jää kiinni tappiollisiin sijoituksiin liian pitkäksi aikaa, vaan tee tarvittavat myyntipäätökset nopeasti, jos sijoituksesi kehitys ei ole ollut toivotunlaista.

Viidenneksi, sijoita vain rahaa, jonka olet valmis menettämään. Osakemarkkinat ovat riskialtis sijoituskohde, joten sijoita vain sen verran rahaa, joka ei vaaranna taloudellista turvallisuuttasi.

Lopuksi, muista, että menestyvä osakesijoittaja ei yleensä ole se, joka tekee suurimmat voitot lyhyessä ajassa, vaan se, joka tekee järkeviä sijoituksia pitkällä aikavälillä. Pidä mielessä, että osakemarkkinat ovat osa taloutta, joka kasvaa ja kehittyy ajan mittaan. Osakkeiden omistajana voit hyötyä tästä kehityksestä, kunhan teet järkeviä sijoituspäätöksiä ja pidät pääsi kylmänä.

11.1 Tulevaisuuden näkymät ja sijoitusten tulevaisuus

Tulevaisuuden näkymät ovat aina epävarmoja, mutta tarkkailemalla talouden ja markkinoiden tilannetta voi muodostaa jonkinlaisen kuvan siitä, mihin suuntaan sijoitusmarkkinat ovat menossa. Tällä hetkellä näyttää siltä, että osakesijoitukset tulevat jatkossakin olemaan houkutteleva sijoitusvaihtoehto.

Teknologian kehitys ja digitalisaatio ovat johtaneet uusien liiketoimintamallien syntyyn, mikä tarjoaa uusia mahdollisuuksia sijoittajille. Esimerkiksi teknologiayritysten osakkeet ovat osoittaneet vahvaa kasvua viime vuosina, ja odotettavissa on, että teknologia-alan yritykset jatkavat kasvuaan myös tulevaisuudessa.

Maailmantalouden kehitys ja eri maiden taloudelliset tilanteet vaikuttavat myös sijoitusmarkkinoiden kehitykseen. Globaalit megatrendit, kuten ilmastonmuutos, kaupungistuminen ja väestön ikääntyminen, luovat uusia mahdollisuuksia sijoittajille. Esimerkiksi vihreä energia ja kestävän kehityksen mukaiset yritykset ovat saaneet paljon huomiota viime vuosina ja ovat potentiaalisesti hyviä sijoituskohteita tulevaisuudessa.

Osakesijoitukset tarjoavat myös mahdollisuuden osallistua yritysten menestykseen ja tuottavuuteen. Osakkeenomistajana voi saada osinkoja ja osallistua yhtiökokouksiin. Lisäksi osakesijoituksilla voi saavuttaa hyvää tuottoa pitkällä aikavälillä, jos sijoitukset tehdään harkitusti ja ammattimaisesti.

On kuitenkin tärkeää muistaa, että osakesijoitukset sisältävät aina riskin, ja sijoittajan on oltava valmis ottamaan riskiä saavuttaakseen mahdollisen korkean tuoton. Sijoittajan on myös tärkeää seurata sijoituksiaan aktiivisesti ja tehdä tarvittavia muutoksia, jos markkinatilanne muuttuu.

Sijoitusten tulevaisuus riippuu monista tekijöistä, kuten talouden kehityksestä, yhtiöiden menestyksestä ja markkinatilanteesta. Kuitenkin yleisesti ottaen osakesijoitukset tarjoavat potentiaalisen tuotto-odotuksen, joka houkuttelee monia sijoittajia ympäri maailmaa.

Tulevaisuuden näkymät ja sijoitusten tulevaisuus voivat olla myös alttiita yllättäville tekijöille, jotka voivat vaikuttaa markkinoihin merkittävästi. Esimerkkejä tällaisista tekijöistä ovat pandemia, kuten COVID-19, ja sodat kuten Ukrainan ja Venäjän välinen sota.

Pandemialla on ollut valtava vaikutus maailmantalouteen ja osakemarkkinoihin. Pandemian alussa monet sijoittajat myivät osakkeitaan peläten, että maailmantalouden pysähdys vaikuttaisi negatiivisesti yritysten tuloksiin ja siten myös osakkeiden arvoon.

Pandemian ja lockdownin vuoksi aiheutui isoja haasteita mm. työntekijöiden matkustamiseen, raaka-aineiden, komponenttien sekä tuotteiden saatavuuteen. Monet kone- ja laite- sekä komponenttivalmistajat ovat joutuneet muuttamaan tuotteitaan komponentti ja raaka-aine pulan vuoksi. Tiettyjen komponenttien valmistus on lopetettu ennenaikaisesti, koska niukasti saatavilla olevat raaka-aineet ja resurssit on haluttu keskittää merkittävimpien nykyisten ja tulevien tuotteiden valmistukseen. Matalakatteisempia ja elinkaarensa loppupuolella olevia tuotteita on siis jopa lakkautettu. Myös ulkomaille kohdistuneet isot laite-, kone tai konejärjestelmäprojektit ovat viivästyneet koronasta sekä matkustusrajoituksista johtuen.

Toisaalta pandemia on myös tuonut esiin uusia mahdollisuuksia, kuten esimerkiksi teknologiayhtiöiden ja etätyöskentelyyn liittyvien yritysten kasvun.

Ukrainan ja Venäjän välinen sota puolestaan on vaikuttanut enemmän Venäjän ja sen lähiympäristön markkinoihin. Sodan vaikutus Venäjän talouteen ja sen valuuttaan voi vaikuttaa myös moniin yrityksiin, jotka toimivat Venäjällä tai käyvät kauppaa Venäjän kanssa. Tämä voi heikentää näiden yritysten taloudellista tilaa ja siten myös osakkeiden arvoa. Kuten on huomattu mm. Nokian renkaiden ja Fortumin osalta.

Näiden yllättävien tekijöiden vuoksi on tärkeää, että sijoittajat seuraavat maailman tapahtumia ja ovat valmiita mukautumaan muutoksiin markkinoilla. Hyvin hajautettu salkku, joka sisältää monia eri yrityksiä ja toimialoja, voi auttaa vähentämään riskiä, joka liittyy yllättäviin tapahtumiin. Lisäksi sijoittajan on oltava valmis tekemään nopeita päätöksiä, jos markkinat heilahtavat odottamattomasti.

11.2 Sijoittamisen tärkeys ja vaikutus talouteen

Sijoittaminen on tärkeä osa modernia taloutta, sillä se mahdollistaa yrityksille rahoituksen keräämisen kasvun ja kehityksen tueksi. Osakkeiden ostaminen on yksi tapa sijoittaa, ja se on kasvattanut suosiotaan viime vuosikymmeninä. Osakesijoittaminen on yksi tapa kasvattaa omaisuutta, mutta se vaikuttaa myös laajemmin talouteen.

Sijoittamisen vaikutus talouteen on merkittävä, sillä se lisää pääomaa, jonka yritykset voivat käyttää investointeihin ja kasvuun. Tämä puolestaan johtaa uusien työpaikkojen ja taloudellisen kasvun syntymiseen. Lisäksi sijoittaminen lisää yksityishenkilöiden ja yritysten varallisuutta, mikä voi edistää kulutusta ja taloudellista aktiivisuutta.

Osakesijoitukset ovat myös tärkeä tapa yrityksille kerätä pääomaa. Yritykset voivat myydä osakkeitaan julkisesti ja kerätä siten rahoitusta investointeihin ja kasvuun. Tämä auttaa yrityksiä kasvattamaan liiketoimintaansa ja kehittämään uusia innovaatioita, mikä edelleen vaikuttaa positiivisesti talouteen.

Osakesijoittaminen on myös merkittävä osa kansantaloutta, sillä se auttaa siirtämään varallisuutta yksityishenkilöiltä yrityksille. Tämä voi johtaa taloudellisen eriarvoisuuden kasvuun, jos osakesijoittaminen keskittyy vain tietyille ryhmille. Tämä huomioon ottaen on tärkeää, että sijoittamisen edut ovat kaikkien saatavilla ja että sijoittaminen on avointa kaikille.

Kaiken kaikkiaan sijoittaminen on tärkeä osa taloutta, ja sen vaikutukset ovat laajat ja moninaiset. Osakesijoittaminen voi auttaa yrityksiä kasvamaan ja kehittymään, ja se voi edistää taloudellista aktiivisuutta ja luoda uusia työpaikkoja. On tärkeää varmistaa, että sijoittamisen hyödyt ovat kaikkien saatavilla ja että se tukee yleistä taloudellista kehitystä

12. Loppusanat

Tämän kirjan tarkoituksena oli tarjota kattava ja selkeä opas osakesijoittamiseen. Olemme nyt käyneet läpi perusteet, hyödyt sekä riskit, ja olemme syventyneet osakkeisiin sekä markkinoihin. Olemme myös kattavasti käsitelleet sijoitusstrategioita ja sijoittamisen käytännön asioita, sekä riskienhallintaa ja sijoittajan psykologiaa.

Tarkoituksena on ollut auttaa sinua ymmärtämään, miten osakkeisiin sijoitetaan, miten valita oikeat sijoituskohteet ja miten hallita riskit. Toivon, että olet saanut tästä kirjasta paljon hyödyllistä tietoa ja taitoja.

On tärkeää muistaa, että osakesijoittaminen on aina sidoksissa riskeihin ja että menneet tuotot eivät takaa tulevia tuottoja. On myös tärkeää ymmärtää, että jokainen sijoittaja on yksilö, ja sijoituspäätökset tulisi tehdä yksilöllisten tarpeiden ja tavoitteiden mukaan.

Lopuksi, muistutan lukijaa siitä, että osakesijoittamisessa on aina riski, ja sijoittajan tulee olla valmis tekemään omat tutkimukset ja harkinnat ennen kuin tekee sijoituspäätöksiä. Muista myös, että osakesijoittamiseen tarvitaan kärsivällisyyttä ja pitkäjänteisyyttä.

Kirjan kappaleeseen kymmenen olen koonnut Case - esimerkkejä, joissa käsitellään menestyneitä sijoittajia ja yritysesimerkkejä. Toivomme, että nämä esimerkit inspiroivat sinua ja auttavat sinua ymmärtämään, miten menestyneet sijoittajat ja yritykset ovat saavuttaneet menestyksensä.

Kirjan lopussa on käytännöllinen sanasto, joka sisältää osakemarkkinoiden ja yleisen sijoittamisen termit ja käsitteet, joiden avulla lukija voi helposti ymmärtää sijoitusmaailman monimutkaisia termejä. Lisäksi olen koonnut luettelon lisälukemista, joka sisältää laajan valikoiman suomalaisia ja ulkomaisia sijoittamisaiheisia kirjoja. Toivon, että nämä lisälukemistot auttavat lukijaa syventämään tietämystään ja ymmärrystään sijoittamisesta ja mahdollistavat entistä parempien päätösten tekemisen sijoitustoiminnassa. Suosittelen myös liittymään osakesäästäjien jäseneksi, jolloin saat ajankohtaista tietoa sijoitustesi tueksi Viisasraha -lehden muodossa sekä saat etua sijoittamiseen myös useiden eri alennusten ja tarjousten muodossa.

Tulevaisuuden sijoitusmarkkinoihin liittyviä haasteita ja mahdollisuuksia käsitellään tässä tekstissä, jotta lukijalle muodostuu kattava kuva siitä, miten sijoitusmaailma kehittyy tulevaisuudessa. Tarkoituksena on auttaa lukijaa pysymään ajan tasalla sijoitusmarkkinoiden muutoksista ja ymmärtämään, miten ne vaikuttavat sijoitustoimintaan.

On tärkeää tiedostaa, että sijoitusmaailma on jatkuvassa muutoksessa, ja sijoittajan on oltava valmis sopeutumaan uusiin haasteisiin ja löytämään uusia mahdollisuuksia. Tämä teksti antaa lukijalle hyvän lähtökohdan ymmärtää tulevaisuuden sijoitusmarkkinoiden kehitystä ja auttaa sijoittajaa tekemään parempia päätöksiä sijoitustoiminnassa.

Uskon että tämä kirja auttaa sinut pääsemään alkuun osakesijoittamisessa tai että kirja avasi sinulle uusia näkökulmia sijoittamiseen ja sijoittamisstrategian luomiseen tai päivittämiseen.

Toivotan sinulle onnea ja menestystä sijoitusurallasi!

Historiallinen tuotto ei ole tae tulevasta. Tuleva tuotto voi olla myös negatiivinen. Sijoituspäätöksistä vastuussa on yksin sijoittaja itse. Sijoituspäätöksiä ei kannata ulkoistaa tahoille, joilla on myös muita intressejä kuin maksimoida sijoittajan sijoituksien tuotto.

13. Sijoittamisen yleiset termit ja käsitteet

- Algoritmi on joukko tarkasti määriteltyjä ohjeita, joiden avulla tietokone tai muu automaattinen järjestelmä suorittaa tietyn tehtävän.

- Allokaatio tarkoittaa sijoitussalkun jakamista eri osakkeisiin eri määrin tai painotuksin riskin ja tuotto-odotuksen mukaan.

- Analyysipalvelu on palvelu, joka tarjoaa erilaisia analyysityökaluja ja -menetelmiä, joiden avulla voidaan esimerkiksi arvioida yritysten taloudellista suorituskykyä, tehdä markkinatutkimuksia tai suunnitella sijoitusstrategioita.

- Arvo-osuustili on tilimuoto, joka mahdollistaa sijoittajan omistaman arvopaperisalkun säilyttämisen ja kaupankäynnin arvopapereilla elektronisessa muodossa ilman fyysisiä todistuksia.

- Bear market: Markkinatilanne, jossa osakkeiden hinnat laskevat pitkään aikaan.

- Bull market: Markkinatilanne, jossa osakkeiden hinnat nousevat pitkään aikaan.

- Current ratio on laskelma, joka mittaa yrityksen kykyä selviytyä lyhytaikaisista velvoitteista suhteessa sen lyhytaikaisiin varoihin.

- EPS (earnings per share) on laskelma, joka mittaa yhtiön nettotuloksen jakautumista osakkeiden määrän perusteella ja kertoo, kuinka paljon yhtiö tekee voittoa yhtä osaketta kohden.

- ETF (exchange-traded fund) on pörssissä kaupankäynnin kohteena oleva sijoitusrahasto, joka seuraa yleensä tiettyä indeksiä tai omaisuusluokkaa.
- Fundamentaalianalyysi: Sijoitusten analysointi tarkastelemalla yrityksen taloudellisia ja liiketoimintaperusteita.
- Hajauttaminen tarkoittaa eri omaisuusluokkien, kuten osakkeiden, joukkolainojen ja kiinteistöjen, sisällyttämistä salkkuun riskien hallitsemiseksi.
- Hallitus on yrityksen ylimmäinen päättävä elin, joka vastaa strategisesta suunnittelusta, päätöksenteosta ja valvonnasta, ja toimii osakkeenomistajien edun mukaisesti.
- Härkämarkkina tarkoittaa sijoitusmarkkinoiden pitkäaikaista noususuhdannetta.
- Indikaattori on sijoitusanalyysin työkalu, joka perustuu tilastollisiin tietoihin ja auttaa sijoittajaa havaitsemaan sijoituskohteen kehitystä ja ennustamaan sen tulevaa suuntaa.
- Inflaatio on tila, jossa yleisen hintatason nousu johtaa rahan ostovoiman heikkenemiseen.
- IPO (Initial Public Offering): Ensimmäinen julkinen osakeanti, jossa yritys tarjoaa osakkeita yleisölle.
- Joukkolaina on sijoitusinstrumentti, jossa useat sijoittajat lainaavat rahaa yhdelle lainanottajalle, kuten yritykselle

tai valtiolle, yleensä kiinteällä korkotasolla ja tiettynä laina-aikana.

- Karhumarkkina tarkoittaa sijoitusmarkkinoiden pitkäaikaista laskusuhdannetta.
- Korrelaatio: Osakkeiden tai muiden sijoituskohteiden välinen yhteys. Jos kaksi sijoituskohdetta korreloivat toisiinsa, niiden arvot nousevat tai laskevat samanaikaisesti.
- Kaupankäyntikulu on rahamäärä, joka peritään sijoittajalta osakkeiden tai muiden sijoitusinstrumenttien ostamisesta tai myymisestä, ja se voi sisältää välityspalkkion, välitysprovision ja/tai muita kaupankäyntikustannuksia.
- Kaupankäyntirobotti on ohjelmisto tai algoritmi, joka käy automaattisesti kauppaa sijoitusmarkkinoilla ennalta määriteltyjen sääntöjen ja ehtojen perusteella ilman ihmisen aktiivista osallistumista.
- Likvidi tarkoittaa varallisuutta, joka on helposti ja nopeasti muunnettavissa käteiseksi ilman merkittävää arvon alenemista.
- MACD: Moving Average Convergence Divergence on tekninen indikaattori, jota käytetään arvioimaan trendin voimakkuutta ja mahdollisia trendimuutoksia.
- Markkinanäkemys tarkoittaa sijoittajan tai analyytikon näkemystä markkinoiden tulevasta suunnasta ja yleisestä tilanteesta.
- Megatrendi on yhteiskunnallinen, taloudellinen tai teknologinen kehityssuuntaus, joka vaikuttaa

merkittävästi moniin aloihin ja yhteiskuntaan yleisesti pitkällä aikavälillä.

- Myyntivolyymi tarkoittaa tietyn hyödykkeen, tuotteen tai palvelun myytyjen kappaleiden tai määrän kokonaismäärää tietyllä ajanjaksolla.
- Osake: Yrityksen omistusosuus, joka antaa omistajalle äänioikeuden yhtiökokouksessa sekä mahdollisuuden saada osinkoa ja myydä osaketta myöhemmin.
- Osakeanalyytikko on henkilö tai ryhmä, joka tutkii ja analysoi yrityksiä, niiden taloudellista suorituskykyä ja markkinatrendejä, jotta he voivat antaa sijoittajille suosituksia osto- tai myyntipäätöksistä.
- Osakeindeksi on tiettyjen osakkeiden arvostusmittari, joka kuvaa tietyn markkinan kehitystä.
- Osakekurssi on osakkeen hinta markkinoilla.
- Osakepääoma on yrityksen omistajien sijoittama pääoma, joka koostuu osakkeiden nimellisarvosta.
- Osakevälittäjä on yritys tai välittäjä, joka tarjoaa palveluita osakkeiden ja muiden sijoitusinstrumenttien ostamiseen ja myymiseen markkinoilla asiakkaiden puolesta provisiota vastaan.
- Osakkeen arvo on yrityksen omistamien varojen ja velkojen arvon erotus, joka jaetaan osakkeiden määrällä.
- Osakkeen nimellisarvo on osakkeen arvo, joka on ilmoitettu osakkeen perustamisasiakirjoissa.
- Osakkeenomistajien yhtiökokous on kokous, jossa osakkeenomistajat voivat äänestää eri päätöksistä, kuten hallituksen jäsenten valinnasta ja osingonjaosta.

- Osinko on yrityksen voitonjako omistajille. Osinkoja maksetaan yleensä säännöllisin väliajoin.

- Osake spread kuvaa osakkeen tarjous- ja kysyntähintojen välistä erotusta, ja sitä käytetään mittarina osakkeen likviditeetille ja kaupankäynnin kustannuksille.

- Oskillaattori on tekninen analyysityökalu, joka mittaa sijoituskohteen yliostettua tai ylimyytyä tilannetta ja auttaa ennustamaan sen lyhyen aikavälin suuntaa.

- SWOT -analyysi on työkalu, joka arvioi yrityksen sisäisiä vahvuuksia ja heikkouksia sekä ulkoisia mahdollisuuksia ja uhkia.

- Osakekauppa on osakkeiden ostamista ja myymistä markkinoilla.

- Osakkeen likviditeetti tarkoittaa osakkeen kykyä ostaa ja myydä nopeasti ja tehokkaasti markkinoilla.

- Osakesäästötili on henkilökohtainen sijoitustili, joka mahdollistaa osakeomistusten kartuttamisen verotehokkaasti ilman välittömiä veroseuraamuksia, kunnes sijoittaja myy omistamansa osakkeet.

- Osinko on yhtiön voitonjakoa omistajilleen, joka maksetaan yleensä rahana per osake ja on osa sijoittajan tuottoa.

- Osinkotuotto tarkoittaa osakkeen tuottamaa vuotuista osinkoa

- Osinkotuottoprosentti tarkoittaa osakkeen tuottamaa prosentuaalista vuotuista osinkoa suhteessa osakkeen nykyiseen markkina-arvoon.

- PEST -analyysi on työkalu, joka arvioi yrityksen toimintaympäristön vaikutuksia poliittisista, taloudellisista, sosiaalisista ja teknologisista näkökulmista.
- Psykologia on tieteenala, joka tutkii ihmisten käyttäytymistä, kokemuksia ja mielen toimintaa.
- P/B -tunnusluku (Price-to-Book): on taloudellinen tunnusluku, jota käytetään yrityksen arvon määrittämiseen suhteessa sen kirjanpitoarvoon.
- P/E -suhde (Price-to-Earnings Ratio): Osakkeen hinta suhteessa yrityksen tulos/osake.
- Päiväkauppa on sijoitusstrategia, jossa sijoittaja ostaa ja myy arvopapereita tai muita sijoituskohteita saman kaupankäyntipäivän aikana hyötyäkseen päivänsisäisistä hintavaihteluista.
- Pääomistaja: Yrityksen suurin omistaja, joka omistaa suuren osan yrityksen osakkeista.
- Pörssimeklari on välittäjä, joka toimii välittäjänä ostajan ja myyjän välillä pörssikaupassa, auttaa löytämään vastapuolen kaupalle ja saattaa kaupan päätökseen sovittujen ehtojen mukaisesti.
- Quick ratio on laskelma joka kertoo yrityksen kyvystä selviytyä lyhytaikaisista velvoitteista pelkästään helposti realisoitavilla varoilla, kuten käteisellä ja saamisilla.
- ROE eli oman pääoman tuottoaste (ROE, Return On Equity) on yrityksen kannattavuuden mittari, joka kertoo, montako prosenttia tuottoa yritys tuotti suhteessa omaan pääomaan.

293

- Shorttaus on sijoitusstrategia, jossa sijoittaja myy lainassa olevia arvopapereita tai muita omaisuuseriä, joita hän ei omista, toivoen että niiden hinta laskee, jolloin hän voi ostaa ne takaisin halvemmalla ja palauttaa ne lainaajalleen.

- Signaali tarkoittaa sijoitusanalyysin antamaa viestiä, joka perustuu erilaisiin indikaattoreihin ja auttaa sijoittajaa tekemään päätöksiä sijoituskohteen ostamisesta tai myymisestä.

- Sijoitusstrategia on suunnitelma, joka määrittää sijoittajan tavoitteet, riskinsietokyvyn ja valitun lähestymistavan sijoitusten tekemiseen tavoitteiden saavuttamiseksi.

- Tase on kirjanpidollinen dokumentti, joka kuvaa yrityksen taloudellista tilannetta tiettynä ajankohtana ja sisältää yrityksen varat, velat ja omistajien oman pääoman.

- Trendi tarkoittaa sijoituskohteen pitkäaikaista suuntaa, joka voi olla joko nousu- tai laskusuuntainen, ja sitä käytetään ennustamaan sen tulevaa kehitystä.

- Tuloslaskelma on kirjanpidollinen dokumentti, joka kuvaa yrityksen taloudellista suorituskykyä tiettynä ajanjaksona ja sisältää yrityksen tuotot, kulut ja voiton tai tappion.

- Tukitaso on teknisessä analyysissä käytetty käsite, joka kuvaa osakkeen tai muun sijoituskohteen hintaa, jolla uskotaan olevan merkittävää ostajien tukea ja joka voi siten toimia hinnan laskun estävänä tekijänä.

- Turbulenssi tarkoittaa epävakaata, häiriöaltista ja ennakoimatonta tilannetta tai ilmiötä, joka voi aiheuttaa häiriöitä tai muutoksia toimintaympäristössä.

- Vastustustaso on teknisessä analyysissä käytetty käsite, joka kuvaa osakkeen tai muun sijoituskohteen hintaa, jolla uskotaan olevan merkittävää myyjien vastustusta ja joka voi siten toimia hinnan nousun estävänä tekijänä.

- Yrityksen tulos: Yrityksen tulos ennen veroja, korkoja, poistoja ja arvonalentumisia.

- Voitonjako tarkoittaa yrityksen voiton jakaminen osakkeenomistajille.

- Yhtiökokouksen päätösvaltaisuus tarkoittaa sitä, että yhtiökokouksessa päätöksiä voidaan tehdä vain, jos kokouksessa on paikalla tarvittava määrä äänivaltaisia osakkeenomistajia.

- Yrityksen ylin johto koostuu ylimmästä johdosta, kuten toimitusjohtajasta ja hallituksesta, jotka vastaavat yrityksen strategiasta, päätöksenteosta ja toiminnan yleisestä johtamisesta.

- Yrityksen markkina-arvo tarkoittaa sen osakkeiden kokonaisarvo markkinoilla.

- Yrityksen tulos/osake on tulos jaettuna osakkeiden määrällä.

- Yrityksen tulosprosentti on liikevoitto suhteessa liikevaihtoon.

- Yrityksen velkaantuneisuus on velkojen suhde omaan pääomaan.

- Yrityksen voittomarginaali on voitto suhteessa liikevaihtoon.
- Yrityksen liikevaihto on myynnistä saama kokonaisliikevaihto.
- Yrityksen nettotulos on tulos verojen ja muiden kulujen jälkeen.
- Yrityksen tase on varat ja velat tietyllä hetkellä.
- Yrityksen oman pääoman tuotto (ROA): Yrityksen liiketoiminnan tuotto suhteessa omaan pääomaan.
- Yrityksen EPS (Earnings Per Share) on yrityksen osakekohtainen tulos.
- Yrityksen EV/EBITDA (Enterprise Value/Earnings Before Interest, Taxes, Depreciation and Amortization) on markkina-arvon ja velkojen suhde käyttökatteeseen.

14. Suositeltavaa lukemista

1. *Anderson, Nicholas; Järkevän sijoittamisen perusteet*
2. *Barbara Rockefeller; Technical Analysis For Dummies*
3. *Benjamin Graham; The Intelligent Investor*
4. *Burton G. Malkiel; Sattuman kauppaa Wall Streetillä*
5. *Curtis M. Faith; Way of the Turtle*
6. *Daniel Kahneman; Thinking, Fast and Slow*
7. *David Swensen; Pioneering Portfolio Management: An Unconventional Approach to Institutional Investment*
8. *Erola, Marko; Paras sijoitus; itsepuolustusopas sijoittajille*
9. *George Soros; The Alchemy of Finance*
10. *Henri, Elo; Löydä helmet - vältä kuplat!*
11. *Hyöty, Jussi; Osakekeissien pauloissa*
12. *James Rickards; The Death of Money: The Coming Collapse of the International Monetary System*
13. *Jeremy J. Siegel; Stocks for the Long Run*
14. *Jim Rogers; Investment Biker: Around the World with Jim Rogers*
15. *Joel Greenblatt; The Little Book That Still Beats the Market*
16. *John C. Bogle; The Little Book of Common Sense Investing*
17. *Juha-pekka Kallunki; Ammattimainen sijoittaminen*
18. *Kari, Nars; Miten miljoonia huijataan*
19. *Kim Lindström; Menesty osakesijoittajana*

20. Kim Lindström; Vaurastu arvo-osakkeilla
21. Larry Williams; Long-Term Secrets to Short-Term Trading
22. Marttila, Jouko; Järki ja tunteet osakemarkkinoilla
23. Michael Nelskylä; Warrantti : jokamiehen johdannainen
24. Nassim Nicholas Taleb; The Black Swan: The Impact of the Highly Improbable
25. Peter Lynch; One Up on Wall Street
26. Puttonen Vesa, Kivisaari Tero; Mitä missä miljoona?
27. Puttonen, Vesa; Sijoituskirja
28. Ray Dalio; Principles: Life and Work
29. Robert T. Kiyosaki; Kassavirtakvadrantti: Rikkaan isän opas taloudelliseen vapauteen
30. Robert T. Kiyosaki; Kehitä talousälyäsi: Viisautta raha-asioihin
31. Robert T. Kiyosaki; Rikas isä, köyhä isä
32. Saario, Seppo; Miten sijoitan pörssiosakkeisiin osa I
33. Saario, Seppo; Miten sijoitan pörssiosakkeisiin osa II
34. Saario, Seppo; Saarion sijoituskirja
35. Toni Turner; A Beginner's Guide to Short Term Trading
36. Tony Robbins; Money: Master the Game
37. Vesa Puttonen; Osta halvalla, myy kalliilla
38. William J. Bernstein; The Four Pillars of Investing